I LOVE JERSEY

INHALT

Kurz-Poncho, S. 31

Rock, S. 27

Kleidung

Accessoires

Weekender, S. 69

Weste mit Zippern, S. 47

INHALT SCHNITTMUSTER

VORWORT

Jerseys haben längst die Weltherrschaft in unseren Schränken übernommen. Sie sind mein absolutes Lieblingsmaterial. Egal, ob ich sonntags im Longshirt auf der Couch abhänge, im Lieblingsrock zum Einkaufen radle oder im Etuikleid einen musikalischen Abend in der Philharmonie genieße – kein anderer Stoff ist so bequem, universell und das ganze Jahr über tragbar. Und das Beste – für diese selbst genähten Teile braucht man meist nicht mehr als einen Meter Stoff.

So ein Stückchen Stoff ist schnell gekauft, und dann weiß man doch nicht so genau, was man damit eigentlich machen soll. Dabei ist ein Meter Stoff eine ganze Menge und nicht nur für bauchfreie Tops geeignet. Manchmal braucht es vielleicht eine Teilungsnaht mehr, aber selbst ein Kleid, ein Poncho und ein Shirt können aus einem Meter gezaubert werden. Auch für Accessoires wie Beutel, Kissen und sogar als Weekender sind Jerseys einsetzbar ... man muss nur wissen, welcher Stoff sich wofür eignet. In Kombination mit anderen Materialen wie Kork oder Kordel ergeben sich zudem tolle Effekte.

In diesem Buch findest du 14 unterschiedliche Projekte, die du mit einem Meter Stoff umsetzen kannst. Auch Upcycling kommt nicht zu kurz, denn mit den Resten kann man eine ganze Menge anfangen. Wenn du also mal was Neues probieren magst, liegst du mit diesem Buch genau richtig.

Elastische Stoffe sind nicht immer einfach zu verarbeiten. Damit dir die gröbsten Fehler erspart bleiben, findest du Tipps, Tricks und Hinweise zu jedem einzelnen Modell. Ansonsten solltest du es wie ich machen und dich einfach freuen, wenn mal was schiefgeht, denn so lernst du am meisten. Rollende Schnittkanten sind dann kein Ärgernis mehr, sondern eine nette Herausforderung, die in einem selbst gemeisterten Projekt endet. In diesem Sinne – mach dich stolz, glücklich und reicher an Erfahrung ... nichts ist schöner, als ein selbst genähtes Jersey-Teil in den Händen zu halten.

Liebst***

DIE GRUNDLAGEN

JERSEY

WAS SIND JERSEYSTOFFE?

Jersey zählt zu den Maschenwaren und wird gewirkt (man unterscheidet Kulierwirkware und Kettenwirkware) oder gestrickt. Bei beiden Herstellungsarten werden aus einem oder mehreren Fäden Schlaufen gebildet und ineinander zu Maschen geschlungen. Der Faden hat dadurch eine längere Strecke als bei Webstoffen zur Verfügung, was die Dehnbarkeit dieser Stoffart ermöglicht.

Beim Wirken, einer industriellen Herstellungstechnik, werden der oder die Fäden senkrecht verarbeitet und bilden dadurch übereinanderliegende Maschenstäbchen, während beim Stricken (und auch Häkeln) Maschen nebeneinander erzeugt werden und dadurch Maschenreihen entstehen. Strickwaren sind meist dehnbarer als Wirkwaren. Jersey hat, je nach Herstellungsweise, unterschiedliche Vorteile: er knittert kaum, ist meist pflegeleicht und universell einsetzbar.

WELCHE ARTEN VON JERSEYS GIBT ES?

Jersey gibt es in den unterschiedlichsten Varianten. Ziemlich beliebt ist der dünne Single-Jersey, der auf nur einem Nadelbett gestrickt wird und extrem elastisch ist. Man erkennt ihn an den rechten Maschen auf der Vorder- und linken Maschen auf der Rückseite. Sweatshirtstoffe haben ebenfalls rechte Maschen auf der Vorderseite und eine angeraute, oft flauschige Rückseite. Für den Sommer oder als French Terry sind sie nicht angeraut, sondern haben eine frottierartige Rückseite. Bei Bündchenstoffen wechseln sich die rechten und linken Maschen ab und bilden dadurch die ausgeprägten Rippen. Da Bündchen gerne für Kantenabschlüsse aller Art verwendet werden und nicht ausleiern dürfen, sollten sie einen Elasthananteil haben. Die festeren Double-Jerseys wie Romanit und Interlock werden auf einem doppelten Nadelbett hergestellt. Sie sind formstabiler und dicker, aber auch weniger elastisch. Double-Jerseys haben entweder zwei rechte oder zwei linke Seiten und rollen an den Kanten nicht so stark ein.

Interlock hat die gleichen Eigenschaften, aber auf beiden Seiten rechte Maschen. Er hat eine sehr dichte Oberfläche und ist dadurch fast wie Webware zu verarbeiten.

WAS IST SCHLAUCHWARE?

Viele Jerseys werden als Schlauchware, also Reihe für Reihe auf einer Rundstrickmaschine, hergestellt. Der fertige Schlauch wird aufgeschnitten und die offenen Kanten als Webkante verklebt. Durch diesen minimalen Reihenversatz kann es passieren, dass die Stoffe etwas verzogen sind und die Nähte nach dem Waschen oft in eine Richtung drehen. Schmale Schlauchware kann man übrigens wunderbar für Shirts ohne Seitennähte verwenden.

WELCHER JERSEY EIGNET SICH FÜR WELCHES PROJEKT?

Weich fließende und schwer fallende Jerseys sind perfekt für Kleidungsstücke, die locker am Körper sitzen oder ein bisschen Volumen haben sollen. Röcke, Shirts und Kleider aus Jersey sind bequem und machen jede Bewegung mit. Festere Jerseys eignen sich für körpernahe Etuikleider, Bleistiftröcke, Accessoires und Taschen, da sie ihre Form behalten und man durch die geringe Dehnbarkeit sogar Verschlüsse anbringen muss. Dagegen eignen sich hochelastische und schnell trocknende Jerseys für Sport- und Bademode, Sweatshirtstoffe für wärmende und bequeme Teile und Frottierjersey für Kleidung, die viel Feuchtigkeit aufnehmen soll.

MIT ODER OHNE ELASTHAN?

Jerseys sind sehr vielseitig und je nach Verwendungszweck ist ein Elasthananteil vorteilhaft. Herstellungsbedingt ist der Stoff sowieso dehnbar, was nicht heißt, dass er auch in seine ursprüngliche Form zurückkehrt. Dafür sorgt der zusätzlich eingearbeitete Elasthanfaden. Für eng anliegende Kleidung sollten die Stoffe immer Elasthan enthalten, damit sie nicht nur dehnbar, sondern auch elastisch sind und nicht ausleiern.

WIE ERKENNE ICH DEN FADENLAUF?

Genau genommen wird dieser bei Jerseys als Maschenlauf bezeichnet. Der Faden- oder Maschenlauf verläuft immer parallel zur Webkante. Falls keine mehr vorhanden ist, kann man den Maschenlauf auch an den Maschenstäbchen (übereinandersitzende Maschen) erkennen. Oft hilft auch eine Dehnprobe in beide Richtungen. Bei Single-Jersey ist das etwas schwieriger, da der Stoff in beide Richtungen stark dehnbar ist, doch hier kann man den Fadenlauf an den Maschenreihen gut erkennen. Bei Double-Jersey wie Romanit oder Jacquard ist der Stoff quer elastischer als längs, was für die Bewegung ja auch sinnvoll ist. Die Längsrichtung entspricht dann dem Maschenlauf – und somit in der Regel der Längsrichtung eines Kleidungsstücks.

WAS IST DIE WEBKANTE?

Der Begriff Webkante ist bei Maschenware etwas irreführend, da es sich ja nicht um ein Gewebe handelt. Wie auch immer, es handelt sich bei beiden um die Stoffkante, die die Stoffbreite begrenzt. Oft ist die Webkante bei Jerseys an verklebten Stellen erkennbar (Single-Jersey) oder an einer deutlich festeren, teils fransigen Kante mit kleinen Löchern (Romanit).

WIE ERKENNE ICH DIE RICHTIGE STOFFSEITE?

Maschenware hat wie Webware eine rechte (schöne) Seite und eine linke Seite, was hier an den rechten und linken Maschen erkennbar ist. Wenn man den Stoff etwas auseinanderzieht, erkennt man auf einer Seite die Maschenstäbchen, die die rechte Seite darstellen. Manche Muster werden auf die rechte Seite einfach aufgedruckt, wobei die Rückseite im Grundton bleibt und dadurch gut erkennbar ist. Andere Muster, wie bei Interlock-Jerseys, werden mit unterschiedlich eingefärbten Garnen hergestellt und sind dadurch beidseitig, wie etwa Streifen. Auf den ersten Blick sind beide Seiten identisch, aber wer genauer hinschaut, erkennt, dass die rechte Seite besonders an den Streifenübergängen immer etwas feiner und gleichmäßiger aussieht. Zudem werden kleine Knötchen gerne auf die linke Seite gezogen. Auch das ist ein Hinweis auf die Stoffseiten. Interlock-Jerseys haben meist zwei gleiche Seiten, die beide gleichermaßen verwendbar sind.

WIE SCHNEIDE ICH GEMUSTERTE STOFFE ZU?

Bei Mustern mit eindeutiger Richtung ist Vorsicht beim Zuschnitt geboten. Streifen- und Punkte-Stoffe kann man auch einmal in unterschiedlicher Richtung zuschneiden. Sobald aber zum Beispiel Blumen, Zebras oder Rennfahrer ins Spiel kommen, sollte man unbedingt darauf achten, dass alle Schnittteile nicht nur in der gleichen Richtung, sondern vor allem mit dem „Kopf" des Musters auch in Richtung „Kopf" des Schnittteils aufgelegt werden.

WIE PFLEGE ICH JERSEY?

Jerseys haben sehr unterschiedliche Zusammensetzungen, und deshalb gibt es dafür auch keine pauschalen Pflegeanleitungen. Grundsätzlich sollte man sich immer nach den Herstellerempfehlungen richten und die Stoffe nicht heißer waschen als angegeben. Viskose zum Beispiel kann stark schrumpfen, andere Materialien können sich extrem verziehen. Doch es gibt auch formstabile Baumwolljerseys, die perfekt für Unterwäsche und hohe Waschtemperaturen geeignet sind, während man etwa Plüsch besser nur reinigen lässt, damit der Flor nicht verfilzt.

JERSEY & CO

Was wenn Jersey mit anderen Materialien in Berührung kommt, die mitunter nicht elastisch sind oder eine Funktion erfüllen sollen? Kein Problem, denn da gibt es nur eine Regel: Vorher ausprobieren! Auch wenn es nervig ist, mache immer eine kleine Probe im Vorfeld. So kannst du die richtige Nadelstärke und Fadenspannung ermitteln, dich für deine perfekte Nahtart entscheiden, Stichlängen und -breiten festlegen, Varianten testen und den schlimmsten Problemen vorbeugen.

Falls du also bei der Herrenweste statt den wenig dehnbaren Steppjerseys einen deutlich elastischeren Sweatstoff verwenden möchtest, kann es Sinn machen ein 1cm breites Nahtband auf die schräge Seitennaht zu bügeln, bevor du den Reißverschluss einnähst. So verhinderst du, dass sich die Stoffkante ins Unermessliche ausdehnt.

Gleiches gilt für die Verarbeitung von Ösen, denn je elastischer dein Jersey ist, desto größer die Gefahr, dass der Stoff ausreißt. Bei der Shorts verwenden wir deshalb Kork in der vorderen Mitte und Ösen, die eine Unterlegscheibe haben. Du kannst dir aber auch ein unelastisches Material suchen, das du von der Innenseite als Gegenstück verwendest. Du siehst, Möglichkeiten gibt es viele. Man muss nur die richtige für sich herausfinden.

... und keine Sorge, auch Jerseynadeln nähen durch Vlies, Kork und Co. Zur Not – eben einfach vorher ausprobieren.

TIPPS & TRICKS

Jeder Jersey verhält sich anders, auch wenn sie oft ähnlich aussehen. Daher immer zuerst eine Nähprobe machen und die Fadenspannung richtig einstellen. Die typischen Probleme bei der Verarbeitung von Jersey lassen sich mit folgenden Tipps leicht beheben.

DER STOFF WELLT SICH

Jerseys sind elastisch und verhalten sich auch beim Nähen entsprechend flexibel. Wenn die unschönen Wellen entstanden sind, ist es am besten, sie mit viel Dampf wieder glatt zu bügeln. Doch man kann versuchen, die Stoffe bereits beim Nähen so wenig wie möglich zu dehnen und die Nadel bei einem Nähstopp immer im Stoff stecken zu lassen, damit man jederzeit das Füßchen anheben, den Stoff darunter glatt streichen und weiternähen kann. Manchmal ist auch die Fadenspannung zu fest eingestellt, dann hilft ein Lockern. Wer häufig Jersey mit der Haushaltsmaschine näht, sollte sich einen Obertransportfuß anschaffen, denn dieser bewegt die obere Stofflage schön gleichmäßig mit, dann gibt es keine Wellen mehr. An manchen Nähmaschinen ist es zudem möglich, den Nähfußdruck einzustellen. Wenn das alles nicht hilft, gibt es zum Glück noch Backpapier als Geheimtrick, um die obere Stofflage an der richtigen Position zu halten, das Füßchen gleitet leicht darüber hinweg. Dazu lässt man einfach einen schmalen Streifen (ca. 5 x 30 cm) links, knapp neben der Nadel mitlaufen.

FEHLSTICHE UND LÖCHER IM STOFF

Spezielle Stoffe erfordern spezielle Nadeln. Zum Nähen von elastischen Stoffen braucht man unbedingt eine Jerseynadel. Sie hat eine abgerundete Spitze, auch „Ball Point" genannt. Damit rutscht sie beim Einstechen an den Elasthanfäden vorbei und durch die Maschen hindurch, ohne sie zu beschädigen. Dadurch gibt es weniger Knoten und die Nadel reißt keine Löcher in den Stoff.

DIE NADEL BRICHT AB

Bei festeren Stoffen oder mehreren Stofflagen wird oft mit zu dicken Jerseynadeln genäht, die dann stecken bleiben oder abbrechen. Am besten eignen sich Nadeln mit den Stärken 70/10 oder 75/11. Mit letzterer kann wirklich jedes Jerseyprojekt bewältigt werden. Eine dünne Nadel gleitet einfach besser durch den Stoff – nur am Stoff ziehen darfst du nicht zu fest, damit die Nadel nicht verbogen wird und auf die Stichplatte trifft. Denn dann bricht jede Nadel. Natürlich kannst du auch andere Nadelstärken ausprobieren.

DIE NAHT REISST

Wenn die Naht die Dehnung des Stoffs nicht mitmacht, kann das nicht nur beim Anziehen problematisch werden, die Naht kann schlicht auch reißen. Daher solltest du Jerseys im besten Fall mit der Overlockmaschine verarbeiten, denn diese schneidet gleichmäßig die Kante, versäubert direkt mit mehreren Fäden und die Naht ist auch noch elastisch. Doch auch mit der Haushaltsmaschine lässt sich Jersey nähen. Bei älteren Modellen wird ein flacher Zickzack-Stich eingestellt, neuere haben einen speziellen Jerseystich, der wie eine kleine Säge aussieht. Die nach oben geneigte Zickzack-Form ermöglicht die Dehnung, wobei das Stichbild von außen nicht von einem normalen Geradstich zu unterscheiden ist. Den Geradstich kann man übrigens auch bei elastischen Stoffen einsetzen, vor allem bei Längsnähten, die ja nicht unbedingt nachgeben sollen, und bei festeren Materialien wie Sweatshirtstoff, Romanit- und Jacquardjersey. Wenn du dir nicht sicher bist, ob die angegebenen Sticharten für dein Material funktionieren, einfach eine Längs- und eine Quernaht auf einem Probestück nähen und selbst testen, ob die Naht hält.

DIE TEILE VERSCHIEBEN SICH BEIM NÄHEN

Es ist ärgerlich, wenn eines der aufeinandergelegten Teile sich beim Nähen immer weiter voranschiebt und immer länger wird. Deshalb sollten Schnittteile sorgfältig fixiert werden, am besten mit Glaskopfstecknadeln. Sie sind gut sichtbar, man kann sie gut greifen und auch ohne Probleme in feste Stoffe stecken. Wenn man sie quer zur Naht steckt, können die Stoffe nicht gegeneinander verrutschen und die Nadeln lassen sich seitlich schneller herausziehen. Allerdings darf man nie darübernähen, denn wenn die Nähnadel auf eine Stecknadel trifft und beschädigt wird, verhakt sie sich bei feinen Stoffen und zieht Fäden. Nur wenn man im Nahtschatten steppt, werden die Nadeln in der Nährichtung (längs) in den Stoff gesteckt.

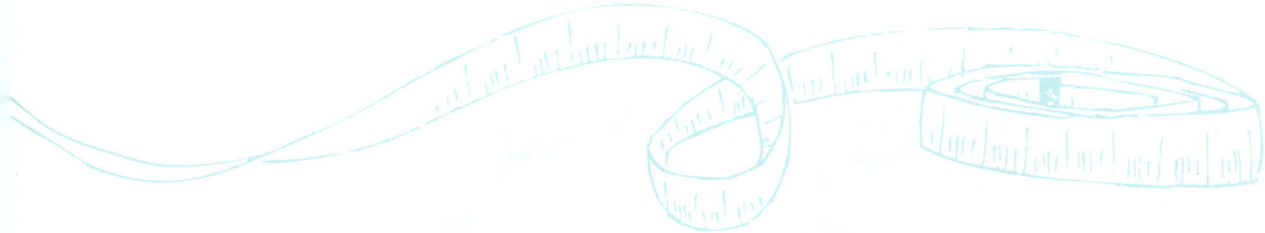

STREIFEN LASSEN SICH BEIM ZUSCHNITT NICHT ANPASSEN

Manchmal zieht die Webkante den Jersey etwas zusammen und es ist schwierig, das Muster (besonders bei Streifen) exakt aufeinanderzulegen. Dann ist es am besten, die Webkante einfach knapp abzuschneiden und zwar mit einem Abstand von bis zu 1,5 cm, sodass man nicht zu viel Stoff verliert, die Spannung an der Kante aber entfernt wird.

AM NAHTANFANG BILDEN SICH KNÖTCHEN

Das ist ein typisches Problem. Um das zu vermeiden, solltest du nicht direkt an der Stoffkante zu nähen beginnen, denn dann drückt die Nähnadel den Stoff nach unten in den Transporteur, der sich dort verhakt. Steppe den Nahtanfang lieber mit bis zu 0,7 cm Kantenabstand und nähe ein paar Stiche zurück, bevor du vorwärts nähst. Zudem solltest du den Faden beim ersten Stich immer festhalten, damit Spannung darauf ist. Denn auch der Faden bleibt gerne im Transporteur hängen und verursacht kleine Knoten am Nahtanfang.

STOFFE VERZIEHEN SICH NACH DEM WASCHEN

Stoffe verhalten sich beim Waschen und Trocknen sehr unterschiedlich. Besonders wenn du verschiedene Materialien miteinander kombinieren möchtest, solltest du die Stoffe bei der späteren Waschtemperatur vorwaschen. Achte darauf, die Stoffe auf keinen Fall nur an einer Stelle über eine Leine zu hängen, sonst verzieht sich alles. Lieber den Stoff zum Trocknen doppelt legen und großflächig ausbreiten. Sehr empfindliche Stoffen können auch mit einem großen Handtuch unterlegt werden. Wer möchte, kann die Stoffe bereits vor dem Waschen zur Hälfte falten und ringsum mit der Overlock oder mit Zickzack-Stich versäubern, so liegt der Stoff für den Zuschnitt schon in richtiger Position, die Kanten kann man später einfach wieder abschneiden. Falls die Stoffe nicht vorgewaschen werden, sollte man das fertige Teil auf jeden Fall nur bei knapp 30 °C im Schonwaschgang waschen, damit es seine Form behält.

DIE SCHNITTKANTEN ROLLEN SICH EIN

Rollende Kanten bei Single-Jersey lassen sich nicht verhindern, aber etwas verbessern. Wenn du beispielsweise die Nadeln quer steckst, liegen die Kanten schon mal flacher. Beim Nähen kann man ein Stecknadelköpfchen zwischen den Stofflagen entlanggleiten lassen, das die Kanten wieder entrollt. Hilfreich ist auch 1 cm breites Form- bzw. Nahtband, das man vor dem Nähen auf die Kanten bügelt.

DER STOFF HAFTET AM FÜSSCHEN

Beschichtete Stoffe (z.B. für Wet-Look) sollten immer mit Obertransport oder beschichteten Füßchen genäht werden, da die „klebrige" Oberfläche sonst am Füßchen hängen bleibt und unschöne Schrägzüge bildet. Alternative: eine dünne Lage Seidenpapier zum Nähen auflegen und später wieder aus der Naht entfernen (die letzten Reste können mit Wasser aufgelöst werden).

VERNÄHT UND AUFGETRENNT

Falls doch mal etwas schiefgeht und man die Naht auftrennen muss, scheut man meist vor der mehrfädigen Overlocknaht zurück. Doch da gibt es einen wunderbaren Trick, der das Trennen zum Kinderspiel macht: Einfach einen der Nadelfäden durchschneiden und nach und nach von der Nahtoberseite heraustrennen. Sobald der erste Faden entfernt ist, lässt sich der zweite leicht herausziehen und die Greiferfäden fallen danach von alleine ab. Bei Jerseys ist ein Nahttrenner übrigens nicht ratsam, da man schnell Löcher in den Stoff reißt. Lieber an einer sicheren Stelle mit einer spitzen Handarbeitsschere den Faden durchtrennen und danach eine Stecknadel zur Hand nehmen, um die Fäden herauszuziehen.

SCHNITTE

Gleich vorab – alle Schnitte für die Modelle hier im Buch findest du auf den beigelegten Schnittmusterbogen, sofern ein Schnitt für das jeweilige Modell gebraucht wird. Da du die Projekte trotz Anleitung sehr individuell verarbeiten kannst und das schon bei der Nahtzugabe beginnt, sind die Schnitte als Grundschnitt OHNE Nahtzugaben angegeben.

ZUBEHÖR ZUM KOPIEREN DER SCHNITTE

- Plotterpapier (Stärke 80 g/m²) oder sonstiges Schnittmusterpapier
- Stoffgewichte/Fixierscheiben
- Nadelrad
- Bleistift
- Maßband
- Geodreieck (Länge 30 cm)
- Papierschere

Tipp

Als Schnittmusterpapier eignen sich auch Zeitungs-, Back- und Seidenpapiere bis hin zu Vlies (z.B. Stickvlies ohne Klebepunkte) oder auch festere Malerfolien. Plotterpapier von der Rolle gibt es in verschiedenen Breiten. Es ist praktisch, da leicht zu verstauen.

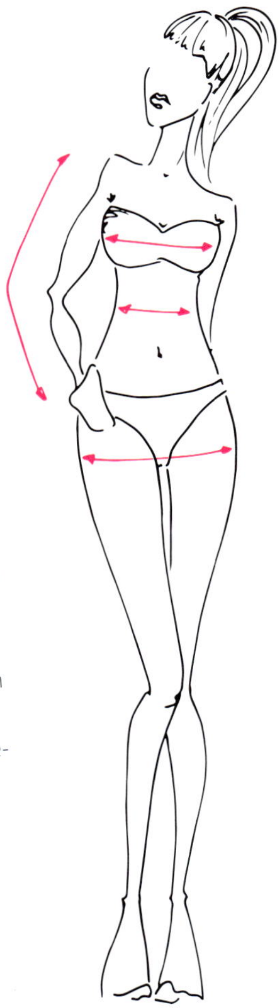

WIE FINDE ICH DIE RICHTIGE GRÖSSE?

Du misst deine Körpermaße und suchst dir in der Größentabelle die passende Konfektionsgröße aus. Wenn du dich zwischen zwei Größen befindest, dann orientiere dich lieber an der nächst größeren ... wegnehmen geht immer. Für die Oberteile suchst du dir das passende Maß anhand deiner Brustweite aus, und für die Unterteile ist deine Hüftweite ausschlaggebend.

Frauen

Größe	Brustumfang	Taillenweite	Hüftweite
34	82 cm	66 cm	91 cm
36	85 cm	69 cm	94 cm
38	88 cm	72 cm	97 cm
40	92 cm	76 cm	101 cm
42	96 cm	80 cm	105 cm
44	100 cm	84 cm	109 cm

Männer

Größe	Brustumfang	Taillenweite	Hüftweite
46	92 cm	82 cm	94 cm
48	96 cm	86 cm	98 cm
50	100 cm	90 cm	102 cm
52	104 cm	94 cm	106 cm
54	108 cm	98 cm	110 cm
56	112 cm	102 cm	114 cm

WIE ÜBERTRAGE ICH DEN SCHNITT VOM SCHNITTBOGEN?

Wenn du den Schnitt ausgesucht und die richtige Größe ermittelt hast, legst du einen großen Bogen Papier unter den Schnittbogen und überträgst die einzelnen Teile mithilfe eines spitz gezahnten Kopierrädchens auf das Papier, dazu fährst du einfach die Konturen nach und zeichnest die Pünktchen auf dem Papier dann mit Bleistift nach. Am besten klappt das auf einem Holztisch oder mit einer Unterlegmatte.

WIE VIEL NAHTZUGABE BRAUCHE ICH?

Jersey kannst du mit der Haushaltsmaschine oder der Overlock nähen. Die Schnitte in diesem Buch haben KEINE Naht- und Saumzugaben, sofern nicht anders angegeben. Wenn der Schnitt auf Papier übertragen ist, fügst du ringsum noch die Naht- und Saumzugaben wie angegeben hinzu.

- Für das Nähen mit der Haushaltsmaschine ist 1 cm als Nahtzugabe ausreichend.
- Wenn du gleich alles mit der Overlock zusammennähen möchtest, entspricht die Nahtbreite (die du an der Overlock einstellen kannst) der Nahtzugabe. Am besten machst du eine Nähprobe und misst die Nahtbreite aus. Standardbreiten sind 0,7–0,8 cm, die du dann an den Schnittteilen anzeichnest.
- Die Saumzugabe ist meist, je nach Modell und Verarbeitung, zwischen 1 und 6 cm breit. Die jeweiligen Zugaben zeichnest du ebenfalls am Schnitt an.

Tipp

Die Zugaben lassen sich am besten mit einem 30 cm langen Geodreieck und einem Bleistift rund um deinen Schnitt auf dem Papier zugeben. Damit kannst du sowohl lange Strecken als auch kleine Kurven ganz leicht parallel anzeichnen.

Die Naht- und Saumzugaben müssen nicht unbedingt am Papierschnitt zugegeben werden, man kann sie auch direkt auf den Stoff zeichnen, sobald man den Schnitt aufgelegt und mit Gewichten beschwert hat. Da Jersey aber leicht verrutscht, wenn man darauf mit Schneiderkreide zeichnet, ist es besser, die Zugaben hier immer direkt an den Papierschnitt anzufügen. Dann muss man später auch nicht überlegen, welche Breiten man gewählt hat, denn ein Blick auf den perfekt vorbereiteten Schnitt genügt.

VORSICHT BEI AUS- ODER EINGESTELLTEN SÄUMEN!

Gerade an breiteren Zugaben wie dem Saum kommt es oft zu Schrägzügen oder unbeabsichtigten Fältchen, weil man nicht auf den richtigen Kantenverlauf und die damit verbundenen Spiegelecken geachtet hat. Dabei ist es ganz einfach: Wenn du eine eingestellte Form hast, wie beispielsweise einen Bleistiftrock, der zum Saum hin enger wird, dann muss die Saumzugabe ab der eigentlichen Saumlinie gespiegelt und wieder weiter werden. Du möchtest die Saumzugabe ja nach innen hochschlagen und bei dieser muss die gleiche Weite wie am Rock vorhanden sein. Für ausgestellte Säume (z.B. bei einem Kleid in A-Linie) verhält es sich dann genau andersherum und die Saumzugabe muss wieder enger werden, damit sich keine Fältchen ergeben.

WIE SIEHT DER FERTIGE SCHNITT AUS?

Wenn alle Papierteile mit Naht- und Saumzugaben versehen sind, kannst du sie ausschneiden. Da alle Zugaben angezeichnet sind, kannst du die Papierteile beim Stoffzuschnitt dicht an dicht legen und musst keinen Abstand dazwischen lassen. Wichtig ist auch, alle Markierungen und Passmarken zu übertragen. Sie zeigen zum Beispiel Raffungen, aufeinandertreffende Schnittteile und Öffnungen an. Wenn du alle Schnittteile gleich mit Angaben wie Modell, Größe, Fadenlauf etc. beschriftest, behältst du besser den Überblick über deine Schnitte.

ZUSCHNITT

ZUBEHÖR FÜR DEN ZUSCHNITT:

- Rollschneider und Schneidematte
- Lineal (am besten ein Patchwork-Lineal)
- Schneiderschere
- Stoffgewichte
- Handmaß
- Maßband
- Schneiderkreide
- Stecknadeln

ARBEITE MIT ZWEI STOFFBRÜCHEN

Viele Jersey-Modelle kommen ohne Verschlüsse aus und haben oft auch keine Naht in der vorderen oder hinteren Mitte. Deshalb ist es wenig sinnvoll, den Stoff an den Webkanten aufeinanderzulegen, denn dadurch entsteht nur ein einziger Bruch auf der gegenüberliegenden Seite. Besser ist es, beide Webkanten jeweils zur Mitte zu falten. Dadurch ergibt sich rechts und links ein Stoffbruch, man kann Vorder- und Rückteil nebeneinander auflegen (sofern der Stoff breit genug ist) und hat dadurch weniger Verschnitt.

PLANE DEINEN STOFFVERBRAUCH

Bevor du allerdings an das Legen, Falten und Glattstreichen gehst, solltest du einmal die Schnittteile begutachten und überlegen, welche Technik dafür am besten geeignet ist. Vielleicht brauchst du für bestimmte Projekte nur einen Bruch oder nur einen kleinen Streifen, für den du den Stoff nicht falten musst.

WIE SCHNEIDE ICH JERSEYS AM BESTEN ZU?

Zum Zuschneiden hast du im besten Fall einen großen Tisch, auf dem der Stoff flach ausgebreitet werden kann. Wenn Jersey beim Zuschnitt verrutscht oder in irgendeine Richtung zieht, gibt es leider schnell unterschiedlich große Teile. Am besten legst du zuvor eine große Schneidematte auf den Tisch. Auch ein Patchwork-Lineal und der Rollschneider mit frischer Klinge sind bei Jersey äußerst empfehlenswert. Damit kannst du alles schnell und exakt zuschneiden und brauchst auch Bündchen nicht umständlich mit Schnittpapier festzustecken. Die Schneiderschere wird nur bedingt eingesetzt, um beispielsweise Knipse zu machen, in innenliegende Ecken zu kommen oder festere Stoffe zuzuschneiden. Vor allem glatte Single-Jerseys und solche für Sport- und Bademoden sollten nicht mit der Schere zugeschnitten werden, denn dadurch verrutscht und verzieht sich der Stoff nur.

Tipp

Wie auch bei Schneiderscheren sollten die Klingen für den Rollschneider ausschließlich für Stoffe verwendet werden.

WORAUF SOLLTE ICH VOR DEM ZUSCHNEIDEN ACHTEN?

Stoffe werden für den Zuschnitt immer so gefaltet, dass die rechte Seite innen liegt (die schönen Seiten liegen also aufeinander). So sind Markierungslinien später nicht sichtbar. Dann solltest du den Fadenlauf (FDL) überprüfen, der normalerweise parallel zur Webkante verläuft (außer es ist ein anderer Fadenlauf erwünscht). Das kannst du anhand der Maschenstäbchen tun, indem du den Stoff ein wenig auseinanderziehst und eine Längsrippe aussuchst, an der du dich orientierst. Oder du faltest den Stoff zur Mitte und streichst ihn so lange zurecht, bis der Abstand zwischen Webkante und Bruchkante überall gleichmäßig breit ist (an mehreren Stellen messen).

Kleiner Tipp für hochelastische oder etwas „klebrige" Jerseys: Wellen besser vorsichtig wegpusten statt wegstreichen!

JETZT GEHT ES ENDLICH LOS!

Wenn der Stoff endlich glatt liegt, werden die Schnittteile aufgelegt. Auch wenn der Stoff einfarbig ist, sollten alle Teile in eine Richtung aufgelegt werden, damit sich später nach dem Waschen nichts verzieht. Achte immer auf den Fadenlauf und ggf. auch auf die Strichrichtung. Bei gemusterten Stoffen ist es wichtig, den Musterverlauf der einzelnen Schnittteile zu prüfen.

GEWICHTE STATT STECKNADELN

Generell solltest du die Papierteile auf dem Stoff lieber mit Gewichten beschweren. Stecknadeln sind weniger empfehlenswert, da sie den Stoff wieder verziehen können, den du gerade so mühsam gelegt hast. Also lieber etwas Schweres wie Bücher auf den Schnitt legen, sobald alles perfekt auf dem Stoff verteilt ist. Danach wird der Stoff zugeschnitten.

MIT KLEINEN SCHNITTEN ZUM ZIEL

Wenn die Schneidematte unter dem Stoff liegt, kannst du mit dem Rollmesser genau an der Papierkante entlang schneiden. Am besten ist es, kleine Schneidebewegungen zu machen und die Finger dicht an der Kante des Papierschnitts (auf Schneidehöhe) zu halten, damit sich der Stoff an der Stelle nicht verziehen kann.

GEGEN DEN UHRZEIGERSINN

Wenn du bei dickerem Sweatshirtstoff mit einer Schneiderschere arbeitest, ist es einfacher, gegen den Uhrzeigersinn um die Papierschnitte herumzuschneiden, da dann das Papier nicht so im Weg ist und du die andere Hand zum Festhalten nutzen kannst. Achte darauf, dass die Schere mit dem unteren Schneidblatt immer auf dem Tisch aufliegt, dann schneidet es sich leichter.

UND GANZ WICHTIG:

Beim Schneiden nie am Stoff ziehen, sonst gibt es wellige Kanten oder sogar Löcher.

KLEINES 1X1 DES NÄHENS

ZUBEHÖR ZUM NÄHEN:

- Overlockmaschine oder Haushaltsmaschine
- Coverlockmaschine (optional)
- Obertransport-Füßchen (optional)
- Reißverschlussfüßchen (optional)
- Kantenfüßchen (optional)
- Jerseynadel
- Stretchnadel (optional für hochelastische Stoffe)
- Zwillingsnadel (2,5 schmal oder 4,0 breit), ebenfalls für Jersey geeignet
- Glaskopf-Stecknadeln
- Nähgarn
- Overlockgarn (falls Overlock vorhanden)
- Bügeleisen und Bügelunterlage
- Bügelhandmaß aus Metall (optional)

NÄHMASCHINE

Die perfekte Nähmaschine für Jerseys ist die Overlock, da sie die Kanten sauber zurückschneidet, mehrfädig umschlingt und dadurch eine elastische Naht produziert. Mit einer Coverlock kann man zudem hochelastische Saumnähte steppen, die garantiert nicht reißen. Doch auch mit der Haushaltsmaschine lässt sich Jersey wunderbar verarbeiten, wenn man ein paar Dinge beachtet. Dazu gehören die richtige Nadel, ein passendes Nähfüßchen und eine Auswahl an elastischen Stichen. Für die Projekte in diesem Buch genügt bereits eine Haushaltsmaschine.

NÄHRICHTUNG

Du solltest dir angewöhnen, die Teile immer von oben nach unten (z.B. Seiten) und von innen nach außen (z.B. Schulter) zusammenzunähen. So verschwinden unschöne Stellen später in den Säumen oder der Armkugel.

NÄHGARN

Normalerweise orientierst du dich an deinem Hauptmaterial. Also Baumwollgarne für Baumwolljersey und so weiter, aber mit einem Baumwoll-Polyester-Gemisch bist du eigentlich immer auf der sicheren Seite mit den besten Eigenschaften von beidem. Polyester gibt etwas nach und ist reißfester als Baumwolle, während die dagegen unempfindlicher für Hitze und nicht so rutschig ist.

AUSSCHNITTVERARBEITUNG

Bei Ausschnittstreifen, Belegen und Bündchen sollte mit leichter Dehnung gearbeitet werden. Diese Teile werden etwas kürzer zugeschnitten und dann unter Zug angenäht. Dadurch legt sich die Kante beim Tragen gut an. Da Stoffe unterschiedlich dehnbar sind, solltest du die gestreckte Strecke zu überprüfen, bevor du sie festnähst. Der kürzere Streifen liegt immer als obere Lage an der Nähmaschine, damit man das Bündchen gleichmäßig dehnen kann.

NAHTSCHATTEN

Falls du die Ausschnittstreifen nicht einfach doppelt annähen, sondern schöner verarbeiten möchtest, kannst du sie im Nahtschatten feststeppen. Dafür erst eine Seite des Bündchens annähen, über die Kante nach links klappen und die Nahtzugabe der noch offenen Kante einschlagen. Den Streifen von außen in der ersten Naht feststecken, damit wird er auch auf der linken Seite knappkantig fixiert. Das Bündchen von außen genau im Schatten der ersten Naht festnähen.

NAHTZUGABEN

Wenn man mit der Haushaltsmaschine näht, kann die Nahtzugabe auseinandergebügelt werden. So liegen die Nähte insgesamt flacher. Bei Overlock-Nähten werden die Stoffkanten gemeinsam umschlungen und miteinander verbunden. Diese Nahtzugaben immer in Richtung Rückteil legen und gemeinsam flach bügeln. Bei aufeinandertreffenden Overlock-Nähten die Nahtzugaben jeweils in die entgegengesetzte Richtung weiterverarbeitet, dann liegen sie flacher – lege z.B. beim Festnähen eines Hosen- oder Rockbunds die Naht in der hinteren Mitte zu einer Seite und die im Bund zur anderen Seite.

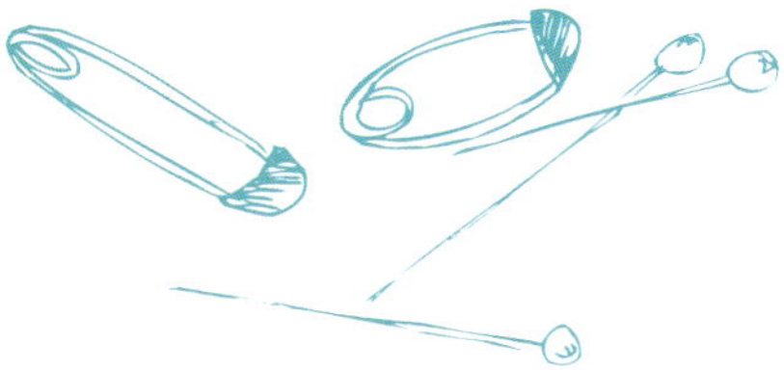

FLACHSTEPPEN

Damit Nahtzugaben flacher liegen oder um zu verhindern, dass sie hochklappen und Dellen bilden, kann man die Nähte zusätzlich flachsteppen. Dafür wird die Nahtzugabe in eine Richtung gebügelt und knappkantig festgesteppt (oder auseinandergebügelt und mit zwei Nähten fixiert).

SAUMZUGABE

Breitere Säume (bis 6 cm) verleihen einem Teil ein hochwertigeres Aussehen. An Rundungen sind schmalere Zugaben besser, da man die Kanten dann leichter umlegen kann. Wer auch hier einen breiten Saum möchte, kann die Kante auf das gewünschte Maß etwas einkräuseln und bügeln, bevor der Saum festgenäht wird. Ob schmal oder breit – erlaubt ist, was gefällt. Die Angaben bei den Projekten sind daher nur als Richtwert zu verstehen. Dagegen müssen aus- oder eingestellte Säume unbedingt mit entsprechenden „Spiegelecken" verarbeitet werden (siehe Thema „Schnitte" S. 15 oder Rock S. 27).

ELASTISCHE SAUMNAHT | COVERNAHT

Fast jedes Shirt hat diese superelastische Doppelnaht am Saum. In der Industrie wird sie mit einer Coverlock-Maschine genäht – sie lässt sich aber mit einer Haushaltsmaschine nachahmen. Man braucht nur zwei Garnrollen, eine Spule und eine Zwillingsnadel, die es übrigens in unterschiedlichen Breiten und für verschiedene Materialien gibt. Die beiden Fäden der Garnrollen werden gemeinsam als Oberfaden wie gewohnt durch die Maschine, aber dann getrennt durch die Nadeln eingefädelt. Die oberen Fäden bilden die parallelen Nähte, der Unterfaden verbindet die beiden mit einem Zickzackstich und ermöglicht so die Dehnung. Cover- und Zwillingsnähte haben ein unterschiedliches Nahtbild und werden immer von außen genäht. Da man dabei die Innenkante nur erfühlen kann, sollte der Saum exakt vorgebügelt sein

STICHE

Der Jerseystich

Bei dieser Naht wird die Stichbildung diagonal ausgeführt – also immer von rechts hinten nach links vorne, um eine Stichlänge versetzt. Die Naht sieht von außen wie ein Geradstich aus und hat die Elastizität eines Zickzackstichs. Als Stichlängen sind 2,5 bis 5 üblich.

Der Steppstich

Auch Geradstich genannt, ist der normale Standardstich jeder Nähmaschine. Der Steppstich eignet sich vor allem zum Zusammennähen der unelastischeren Double-Jerseys und zum Flachsteppen. Durch dickere Garne, kontrastierende Farben und besondere Nahtführungen kann man ihn auch auffällig einsetzen, um beispielsweise eigene Steppstoffe herzustellen. Die übliche Stichlänge für dünne bis mittelschwere Stoffe liegt bei 2,5.

Der Zickzackstich

Wenn die Nähmaschine keinen Jerseystich hat, ist der Zickzackstich hilfreich. Dabei bewegt sich die Nadel leicht schräg zur Seite, abwechselnd nach rechts und links. Zieht man die Naht vorsichtig auseinander, legen sich die Stiche wie beim Geradstich in eine Linie. Kanten lassen sich auch mit Zickzackstich versäubern, wenn man keine Overlock hat. Für Nähte den Zickzackstich etwas kleiner als üblich einstellen und zum Versäubern etwas länger. Da Jersey normalerweise nicht ausfransen, kann man sich das Versäubern aber auch sparen.

Die Versäuberungsnaht

Ob sie nun als Versäuberungs-, Kettel- oder Overlocknaht bezeichnet wird – sie kann vor allem eines: Kanten abschneiden und versäubern in einem Arbeitsgang. Die Overlock hat ein Messer, das die Kanten sauber abschneidet, bevor sie mit Garn umschlungen werden. Die Naht ist übrigens auch elastisch, was sie perfekt zum Zusammennähen von dehnbaren Stoffen macht. Mit der Overlock kann man die Stofflagen sogar direkt beim Versäubern zusammennähen.

Der Blindstich

Dieser Stich wird von Hand genäht und gerne bei Säumen eingesetzt, die keine sichtbare Steppnaht haben sollen. Sorgfältig genäht, ist der Blindstich von außen fast unsichtbar. Das Garn einfädeln und von der linken Stoffseite an der Saumzugabe einstechen, Rückstich nicht vergessen – und danach schräg gegenüber der Zugabe nur einige Fäden im Oberstoff aufnehmen. immer auf gleicher Höhe im Wechsel von Saumzugabe zu Oberstoff stechen, Faden nicht zu fest anziehen, die Stiche sollten V-förmig aussehen.

EUROPÄISCHE UNION
BUNDESREPUBLIK
DEUTSCHLAND

KLEIDUNG

Fliege, S. 81
Pouf, S. 85
Rock, S. 27

T-SHIRT

Color-Blocking || Passe || Hals- und Saumbündchen

Stoff:

- 0,50 m Single-Jersey, gemustert (bei Gr. 38)
- 0,50 m Single-Jersey, lachsfarben (bei Gr. 38)
- 0,50 m Single-Jersey, schwarz (bei Gr. 38)
- für ein einfarbiges Shirt reicht insgesamt 1 m Stoff (150 cm breit)

Zubehör:

- Jerseynadel, Zwillingsnadel
- Obertransportfuß

Maschine und Stichlänge:

- **Nähte:** Overlock oder Nähmaschine (Jerseystich, Stichlänge 2,8)
- **Säume:** Coverlock oder Nähmaschine (Geradstich mit Zwillingsnadel, Stichlänge 2,5)

Zuschnitt:

Du findest die Schnittteile 1–4 auf Schnittbogen 1 und 4.

- 1x Vorderteil (1) im Stoffbruch (gemustert) (SB 1)
- 1x Rückteil (1, wie Vorderteil) im Stoffbruch (lachsfarben) (SB 1)
- 1x Passe (2) im Stoffbruch (SB 4)
- 1x Ausschnittstreifen (3) im Stoffbruch (SB 4)
- 2x Bundstreifen (4) im Stoffbruch (SB 4)

Naht- und Saumzugaben:

- 0,8 cm (Overlock) oder 1 cm (Nähmaschine)
- Ärmelsäume 1 cm

Anforderungen:

- Verschiedene Stoffe miteinander verbinden
- Bündchen unter leichtem Zug annähen

1.

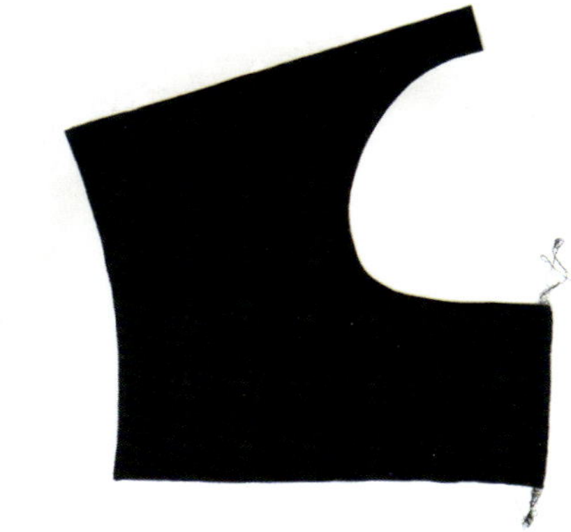

2.

3.

4.

1. Als Erstes wird die Passe im Rücken geschlossen: Das zugeschnittene Teil liegt bereits richtig aufeinander, die Kanten in der hinteren Mitte mit Stecknadeln befestigen und die rückwärtige Naht nähen. Die Nahtzugabe auseinander- oder zu einer Seite (bei Overlock-Nähten) bügeln.

2. Nun wird das Rückteil an den hinteren Teil der Passe genäht: Dafür die obere, gerade Kante des Rückteils auf die gerade Kante der Passe legen (rechte Stoffseiten liegen aufeinander), bei der die Naht geschlossen wurde. Die Kanten mit Quernadeln sichern, damit sich die Teile nicht verschieben. Beim Zusammennähen sollte das Rückteil oben liegen, damit sich die schräg geschnittene Kante der Passe nicht ausdehnt. Anschließend die Nahtzugabe nach unten in Richtung Saum bügeln.

3. Jetzt kommt schon der Stoff mit den Dreiecken ins Spiel: Genau wie beim Rückteil nun das Vorderteil an die andere Längskante der Passe nähen und die Naht danach auch wieder in Richtung Saum bügeln. Wenn du die Nähte zusätzlich betonen möchtest, kannst du jetzt die Nahtzugaben von rechts noch einmal zusätzlich mit der Zwillingsnadel flachsteppen.

4. Nun werden die Seitennähte geschlossen: Dafür das Vorderteil auf das Rückteil legen (rechte Stoffseiten liegen aufeinander), mit Nadeln quer zur Stoffkante sichern und die beiden Seiten jeweils von oben nach unten zusammennähen. Dann die Nahtzugaben ins Rückteil bügeln (am besten auf einem Ärmelbrett).

5.

6.

7.

8.

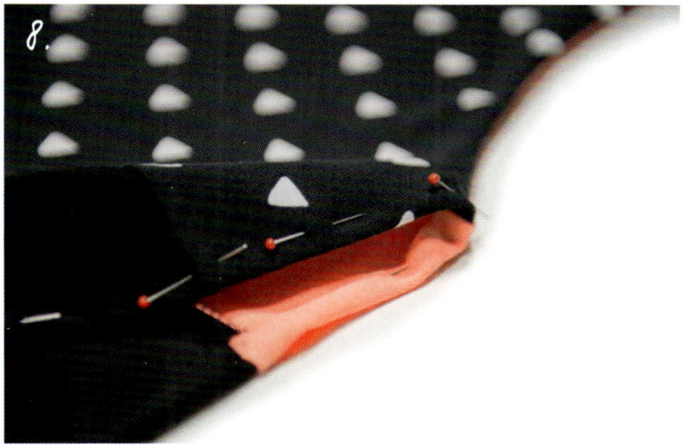

5. Den Ausschnittstreifen an den Schmalseiten aufeinanderlegen (rechte Stoffseiten liegen aufeinander) und zum Ring zusammennähen. Die Nahtzugabe der hinteren Mitte nun auseinander oder zu einer Seite (Overlock) bügeln, dann den Ring der Länge nach zur Hälfte falten und bügeln (linke Stoffseite liegt innen). Die vordere Mitte des Ausschnittstreifens mit einer Stecknadel markieren, den Streifen auf diese Weise gleichmäßig in Viertel unterteilen. Den Ausschnitt des Shirts genauso unterteilen.

6. Den Ausschnittstreifen mit beiden offenen Kanten an die Kante des Halsausschnitts (rechte Seiten liegen aufeinander) stecken, die Naht in der hinteren Mitte und die Markierungsnadeln geben die Position vor. Der Streifen ist etwas kürzer als der Ausschnitt, damit er beim Tragen flach anliegt. Deshalb zuerst die Teile an den Markierungen aufeinanderstecken und dann die überschüssige Weite dazwischen gleichmäßig verteilen. Die Lagen unter leichtem Zug zusammennähen, darauf achten, dass keine Falten entstehen.

7. Nun wird das Saumbündchen befestigt: Dafür die Bundstreifen wie bei Schritt 5 und 6 verarbeiten, darauf achten, dass die Nahtzugaben dann jeweils auf die Seitennähte treffen.

8. Als Letztes fehlen noch die Ärmelsäume: Einfach die Kanten schmal (1 cm) nach innen einschlagen und von der Außenseite knappkantig mit der Coverlock oder der Nähmaschine (mit Zwillingsnadel) absteppen ... und fertig ist dein neues Shirt!

Tipp

Du kannst für das untere Rückteil auch gewebte Baumwollstoffe, Viskose oder Seide verwenden. Vorne sollte auf jeden Fall Jersey eingesetzt werden, da er sich besser anpasst und genügend Spielraum zum An- und Ausziehen lässt. Die Passe kann aus Seide oder Viskose sein, wichtig ist nur, dass der Stoff weich ist, sonst steht der angeschnittene Ärmel zu stark ab.

Pouf, S. 85

Tipps für den Zuschnitt:

→ Da die Schnittteile an den Seiten zum Saum hin stark gerundet verlaufen, darf die Saumzugabe nach unten nicht fortlaufend schmäler werden, sondern muss seitlich ausgestellt werden. Ansonsten reicht die Saumweite beim Festnähen nicht. Die Zugabe wie üblich parallel zum Saum anzeichnen, dann das Teil zunächst an dieser Querlinie zuschneiden. Anschließend klappt man die Zugabe an der Saumlinie nach oben und schneidet sie zusammen mit den Seitenkanten zu. Dabei ergibt sich unten an der Seitennaht eine Ecke. So hat man genau die Saumweite, die man später benötigt.

→ Da Vorder- und Rückteil unterschiedlich geformt sind, können die Streifen an der Seitennaht nicht angeglichen werden. Trotzdem braucht man einen Anhaltspunkt beim Zuschneiden – hier ist es der Saum. Das Rückteil wird im Stoffbruch, das asymmetrische Vorderteil offen auf den Stoff aufgelegt. Bei beiden Teilen dient der Streifenverlauf an der Saumlinie als Orientierungspunkt – er muss beim Auflegen des Schnitts übereinstimmen (z.B. an der oberen Kante des schwarzen Streifens). Damit ergibt sich ein durchlaufender Streifen am Saum – und sieht perfekt aus.

ROCK

Rückteil anliegend || seitliche Raffung im Vorderteil || einfarbiger Bund

Stoff:

- 0,80 m Single-Jersey, gestreift, 150 cm breit (bei Gr. 38)
- 0,15 m Single-Jersey, schwarz, 150 cm breit (bei Gr. 38)
- für einen einfarbigen Rock reicht insgesamt 1 m Stoff

Zubehör:

- Jerseynadel, Zwillingsnadel
- Obertransportfuß

Tipp

Durch die Streifen wird die Raffung zusätzlich betont ... aber wem das für den Anfang zu kompliziert ist, der kann mit einfarbigem Jersey starten – auch in uni sieht der Rock toll aus (siehe S. 22)!

Maschine und Stichlänge:

- **Nähte:** Overlock oder Nähmaschine (Jerseystich, Stichlänge 2,8)
- **Säume:** Coverlock oder Nähmaschine (Geradstich mit Zwillingsnadel, Stichlänge 2,5)
- **Kräuselnaht:** Nähmaschine (Geradstich, Stichlänge 4)

Zuschnitt:

Du findest alle Schnittteile 1–3 auf Schnittbogen 2.

- 1x Vorderteil (1)
- 1x Rückteil (2) im Stoffbruch
- 1x Bund (3) im Stoffbruch

Naht- und Saumzugaben:

- 0,8 cm (Overlock) oder 1 cm (Nähmaschine)
- Saum 3–4 cm, dabei den eingestellten Saum und die dementsprechend ausgestellten Spiegelecken beachten (siehe auch S. 15 und 26)!

Anforderungen:

- Streifen am Saum angleichen (gilt für Zuschnitt & Nähen)
- Raffung

1.

2.

3.

4.

1. Vorderteil und Rückteil aufeinanderlegen und an der rechten Seite (ohne Raffung) zusammenstecken. Dabei unbedingt auf den Streifenverlauf am Saum achten (siehe Tipp S. 27). Dort sollten die letzten beiden Streifen auf gleicher Höhe übereinstimmen, mit Quernadeln sichern. Die Seiten sind unterschiedlich gerundet. Beim Stecken ergibt sich deshalb im Rückteil eine Zugfalte, die beim Tragen aber wieder verschwindet. Seitennaht steppen, darauf achten, dass sich die obere Stofflage nicht verschiebt, zwischendurch anhalten, Nadel im Stoff stecken lassen, das Nähfüßchen heben, um die Lagen wieder anzugleichen.

2. Als Nächstes an der Nähmaschine einen größeren Geradstich (4) einstellen und an der stark gerundeten Seite des Vorderteils knappkantig von Knips bis Knips nähen. Dabei an der oberen Markierung mit einigen Rückstichen beginnen, dann bis zum unteren Knips steppen, dort nicht vernähen, sondern den Faden zum Kräuseln hängen lassen.

3. Die Teile an dieser Seite aufeinanderstecken, dabei die zu kräuselnde Strecke zwischen den Knipsen aussparen. Die Teile an der oberen Markierung also nur mit einer Nadel befestigen und die seitlichen Kanten von der unteren Markierung bis zum Saum stecken. Auch hier sollen die unteren Streifen genau aufeinandertreffen. Erst dann den Unterfaden der Kräuselnaht festhalten und den Stoff vorsichtig auf das gewünschte Maß zusammenschieben. Wenn alles passt, verknotest du die Fadenenden, um so die Kräuselung zu sichern.

4. Die Stichlänge wieder für den Jerseystich (2,8) einstellen. Die Kräuselung gleichmäßig verteilen, dann die Seiten komplett aufeinanderstecken und zusammennähen. Damit sich die Kräuselung nicht verschiebt, sollte das glatte Rückteil beim Nähen oben liegen. So kann die obere Stofflage die Raffung in Position halten und es ist einfacher, die Stoffweite der unteren Lage vorsichtig zur Seite zu streifen und gleichmäßig mitzuführen.

5.

6.

5. Den Bund an den Schmalseiten zum Ring zusammennähen. Die Nahtzugaben auseinander (Nähmaschine) oder in eine Richtung (Overlock) bügeln und dann den Ring der Länge nach zur Hälfte falten (linke Stoffseite liegt aufeinander), damit die Schnittkanten aufeinanderliegen. Unterteile den Bund in Viertel und markiere diese mit Stecknadeln. Auch die obere Rockkante in Viertel unterteilen, hier müssen nur noch die vordere und hintere Mitte markiert werden.

6. Der Bund wird nun befestigt, er ist wesentlich kürzer als die obere Rockkante, damit er später gut anliegt. Die Teile zuerst an den Markierungen aufeinanderstecken (die offenen Schnittkanten liegen aufeinander), die Bundnaht an der linken Rockseite (Raffung) positionieren. Dann die überschüssige Weite zwischen den Markierungen gleichmäßig verteilen. Dafür den Stoff beim Stecken immer so weit dehnen, dass die Teile glatt aufeinanderliegen, Quernadeln durch die drei Lagen stecken.

7. Den Bund festnähen, und zwar von der Bundseite aus. Dabei sollte er, genau wie beim Stecken, immer wieder so weit gedehnt werden, dass er glatt auf dem Rockteil liegt.

8. Schließlich den Saum nähen, der nun ringsum den gleichen Streifenverlauf haben sollte. Genau an so einem durchlaufenden Streifen nun die Saumzugabe nach innen klappen, bügeln und von der rechten Stoffseite mit Quernadeln feststecken. Den Saum entweder mit der Coverlock oder der Nähmaschine (mit Zwillingsnadel) von der Außenseite feststeppen. Am besten mit Garn, das farblich zum Streifen passt – und schon ist der Rock ausgehbereit.

Rock, S. 27

KURZ-PONCHO

aus einem kreisrunden Teil || sichtbare Belege an Außenkante und Armausschnitten

Stoff:

- 1 m Sweatshirtstoff oder Romanit, uni, 150 cm breit (bei Gr. 42/44)
- 1 m Single-Jersey, gestreift (bei Gr. 42/44)

Zubehör:

- Jerseynadel
- Obertransportfuß

Tipp für den Zuschnitt:

Für einen einfarbigen Poncho kannst du den Stoff mittig rechts auf rechts falten und an den Kanten aufeinanderlegen. Das Schnittmuster für das Poncho-Teil mit der geraden Kante auf den Stoffbruch und den Beleg daneben legen. Für Kontrastbelege dagegen den Streifenstoff nur an einer Kante so weit zur Mitte hin einschlagen, dass das jeweilige Schnittteil darauf passt. Dann zuschneiden – der Rest kann für ein anderes cooles Teil verwendet werden.

Maschine und Stichlänge:

- **Nähte:** Nähmaschine (Geradstich, Stichlänge 2,8)
- **Säume:** evtl. Overlock zum schnelleren Versäubern

Zuschnitt:

Du findest die Schnittteile 1–3 auf Schnittbogen 2, 3 und 4.

- 1x Vorder- und Rückteil (1a auf SB 2, 1b auf SB 3) im Stoffbruch
- 2x Armlochbeleg (2) (SB 4)
- 2x Außenbeleg (3a und 3b) (SB 4)

Nahtzugaben:

- 0,8 cm (Overlock) oder 1 cm (Nähmaschine)

Anforderungen:

- Gerundete Kanten mit Belegen versäubern

Tipp

Falls du einen Poncho mit unauffälligeren Blenden nähen möchtest, kannst du die Kanten auch einfach mit Schrägband (siehe Beutel S. 59) einfassen. Damit sind sie mindestens genauso schön verarbeitet wie mit einem Beleg.

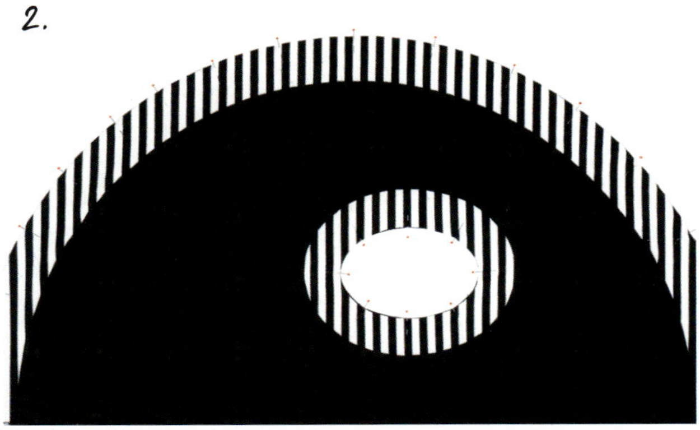

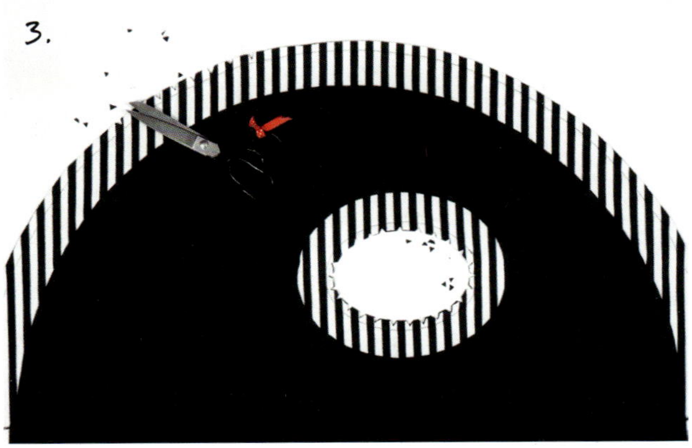

1. Dieser Style wirkt auf den ersten Blick einfach, aber die Verarbeitung von runden Belegen ist bei elastischem Material etwas knifflig, da sich gerne mal etwas verzieht. Wir beginnen deshalb mit dem einfachen Teil und nähen zuerst die Schmalseiten vom Außenbeleg zu einem Ring zusammen. Anschließend die Nahtzugaben aus- oder zur Seite bügeln.

2. Das Poncho-Teil mit der rechten Seite nach oben auf der Arbeitsfläche ausbreiten. Die Belege werden mit der rechten Stoffseite nach unten aufgelegt, sie müssen also rechts auf rechts liegen. Zuerst den Stoffring passgenau auf die Außenkante des Poncho-Teils legen, und dann die kleinen Belege auf die Armlöcher. Alles mit Quernadeln feststecken. Achte darauf, dass der Streifenverlauf sich von den Armlöchern zur Außenkante hin gleichmäßig fortsetzt und der Fadenlauf der Belege mit dem Außenstoff übereinstimmt.

3. Dann die Belege mit Geradstich und 1 cm Kantenabstand einmal rundherum festnähen. Anfang und Ende gut vernähen. Aus allen Nahtzugaben im Abstand von knapp 2 cm vorsichtig kleine Dreiecke herausschneiden. Dadurch legt sich die Naht später besser nach innen. Du kannst dir die Arbeit erleichtern und die komplette Nahtzugabe auch einfach auf 0,4 cm zurückschneiden oder die Teile gleich mit einer schmalen Overlocknaht zusammennähen. Dann ist aber der nächste Schritt etwas schwieriger.

4. Als Nächstes die Belege hochklappen und die Nahtzugaben in Richtung Blende bügeln. Dann kannst du sie von ihrer Außenseite knappkantig flachsteppen. Das bedeutet, die Nahtzugabe wird mit der Blende zusammengenäht, damit sie sich später nicht verschiebt oder an der Kante durchdrückt.

5. Dann die noch offenen Belegkanten ringsum 1 cm nach innen bügeln (hierfür ist ein Handmaß praktisch). Je genauer du arbeitest, desto akkurater wird später die Naht aussehen. Eine Overlock erleichtert diesen Schritt: einfach die offene Kante ringsum versäubern und dabei den Differentialtransport auf leichtes Einkräuseln stellen – so legt sich die Belegkante fast automatisch nach innen. Die eingeschlagenen Belege dann sorgfältig zur linken Seite des Ponchos bügeln (auf eine schöne Außenkante achten) und mit Quernadeln fixieren.

6. Für das Festnähen der Belege brauchst du eventuell einen andersfarbigen Unterfaden (passend zum Hauptstoff). Damit sich die Lagen nicht verschieben, kannst du ein Obertransportfüßchen verwenden. Ansonsten immer wieder anhalten, die Nähnadel im Stoff stecken lassen, das Füßchen anheben, den Stoff glatt legen, Füßchen absenken und weiternähen. Genäht wird von der Belegseite aus, und zwar möglichst knappkantig. Zum Schluss noch alles sorgfältig bügeln und dann kannst du deinen neuen Kurz-Poncho endlich überziehen.

Tipp für den Zuschnitt:

Die Stoffmenge reicht hier in allen Größen auf jeden Fall für einen kurzen Ärmel, dessen Länge mit einer Querlinie auf dem Schnitt markiert ist. Je nach Kleidergröße, Stoffbreite und Stoffmenge kann er auch verlängert werden.

Dafür den Stoff zur Hälfte falten und das Vorderteil und die Belege am Bruch anlegen. Das Rückteil hat eine Naht. Beim Zuschnitt musst du den Ärmel in entgegengesetzter Richtung auflegen, was man normalerweise nicht macht, da der Fadenlauf ja immer in die gleiche Richtung zeigen sollte. Bei gemusterten Stoffen benötigst du zum Abpassen mehr als 1 m Stoff und der Ärmel sollte nicht auf den Kopf gedreht werden.

Beutel, S. 59

Pouf, S. 85

Leggings, S. 41

KLEID

lockeres T-Shirt-Kleid in A-Linie || Verzierung aus Stoffresten

Stoff:

- 1 m Baumwolljersey, neongelb, 160 cm breit (bei Gr. 38)
- Leder-, Kork- oder Sweatshirt-stoffreste
- Perlen nach Belieben

Zubehör:

- Jerseynadel, Zwillingsnadel
- Obertransportfuß

Maschine und Stichlänge:

- **Nähte:** Nähmaschine (Jerseystich, Stichlänge 2,5) oder Overlock (Stichbreite 1 cm oder Nahtzugabe an vorhandene Stichbreite anpassen)
- **Säume:** Nähmaschine (Geradstich mit Zwillingsnadel, Stichlänge 2,5) oder Coverlock

Zuschnitt:

Du findest alle Schnittteile 1–5 auf Schnittbogen 1.

- 1x Vorderteil im Stoffbruch (1)
- 2x Rückteil (2)
- 2x Ärmel (3)
- 1x vorderer Halsausschnittbeleg im Stoffbruch (4)
- 1x hinterer Halsausschnittbeleg im Stoffbruch (5)

Naht- und Saumzugaben:

- 0,8 cm (Overlock) oder 1 cm (Nähmaschine)
- Säume: 1,5 cm, dabei die ausgestellten Säume und dementsprechend eingestellten Spiegelecken beachten (siehe auch S. 15 und 26)!

Anforderungen:

- Ärmel rund einnähen
- Ausschnittbeleg anbringen

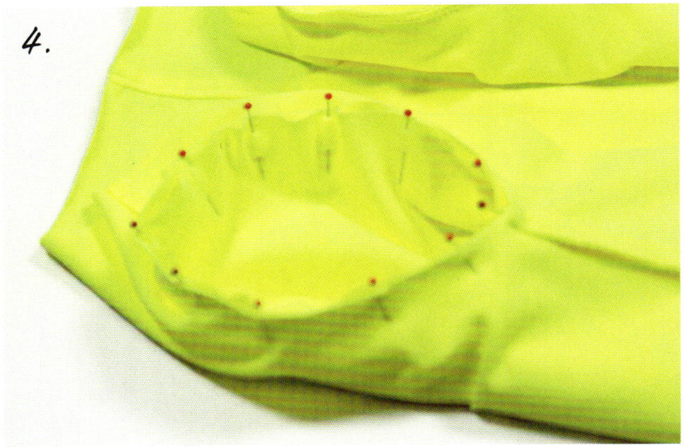

1. Die Rückteile liegen vom Zuschnitt bereits rechts auf rechts aufeinander. Stecke einige Quernadeln in die hintere Mitte, damit auf der langen Strecke nichts verrutscht und nähe die Teile vom Halsausschnitt bis zum Saum zusammen.

2. Danach werden Vorder- und Rückteil zusammengenäht: Dafür die Schulternähte und die Seitennähte rechts auf rechts aufeinanderstecken und die Teile jeweils vom Halsausschnitt zur Schulter und vom Armloch bis zum Saum zusammennähen. Die Seitennaht ist durch die A-Linie ausgestellt und noch dehnbarer als üblich. Achte darauf, dass der Stoff dort nicht zusätzlich ausgedehnt wird. Falls es doch Wellen gibt, kannst du sie auf dem Bügelbrett etwas zusammenschieben und durch Dampfbügeln einhalten. Das Bügeleisen dabei nicht fest aufstellen und schieben, sonst gibt es Falten.

3. Als Nächstes wird der Ärmel zur Röhre geschlossen: Dafür die Unterarmnaht rechts auf rechts aufeinanderlegen und von oben zum Saum hin zusammennähen.

4. Dann wird der Ärmel eingenäht: Das Kleid auf links drehen und den Ärmel auf rechts. Die Knipse zeigen, auf welche Seite der jeweilige Ärmel gehört, er sollte im Vorderteil (Doppelknips) und Rückteil (Einfachknips) jeweils bei Armkugel und Armloch übereinstimmen. Der Knips am höchsten Punkt der Armkugel markiert die Position auf der Schulternaht, unter dem Arm treffen die Seiten- und die Unterarmnaht aufeinander. Die Teile an den vier Punkten aufeinanderstecken, wobei der untere Bereich von Knips zu Doppelknips glatt aufeinanderliegen sollte. Die restliche Ärmelweite wird gleichmäßig nach oben über die Armkugel verteilt und durch das Armloch etwas eingehalten. Genäht wird „im Ärmel", also auf der Ärmelseite.

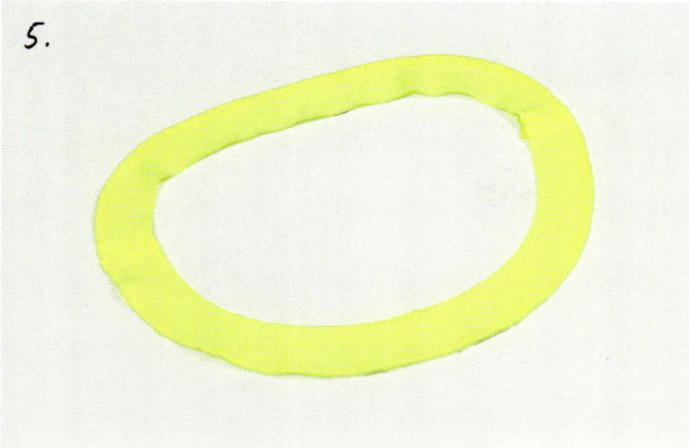

5. Als Nächstes nähst du die Belege an den Schulternähten rechts auf rechts zusammen und versäuberst die Außenkante ringsum mit der Overlock. Falls diese nicht vorhanden ist, kannst du die Kante alternativ mit einer Zickzacknaht deiner Haushaltsnähmaschine versäubern.

6. Dann drehst du das Kleid nach rechts und steckst den Beleg rechts auf rechts an den Halsausschnitt. Dabei sollen die Schulternähte an Kleid und Beleg sowie die vordere und hintere Mitte an beiden Teilen natürlich wieder genau aufeinandertreffen. Wenn alles gesteckt ist, drehst du das Kleid vorsichtig nach links und nähst den Beleg ringsum fest. Danach kannst du aus den Nahtzugaben ringsum vorsichtig kleine Dreiecke herausschneiden, damit sich die Kante besser umlegt. Aber auf keinen Fall zu tief einknipsen, damit die Naht nicht beschädigt wird.

7. Nun die Nahtzugabe in Richtung Beleg bügeln und von der Außenseite knappkantig auf dem Beleg feststeppen. So rutscht er später nicht aus dem Ausschnitt hervor.

8. Um den Beleg zu fixieren, kann er von außen mit einer sichtbaren Naht am Ausschnitt festgesteppt oder von innen mit unsichtbarem Blindstich von Hand festgenäht werden. Auf jeden Fall muss der Beleg innen glatt anliegen und an den Nähten (Schulter und hintere Mitte) jeweils genau auf die des Kleids gesteckt werden. Für die Befestigung von Hand den Faden zuerst in einer der Nahtzugaben vernähen, dann in die Belegkante stechen, einige wenige Fäden aufnehmen, leicht schräg gegenüber in das Kleid stechen und dort ebenfalls nur einige Fäden aufnehmen. Immer von einer Seite zur nächsten wechseln, den Faden nicht zu fest anziehen. Beleg ringsum festnähen, Faden gut vernähen.

9.

10.

Tipp

Wenn die Nähte flacher sein sollen, kannst du die Nahtzugaben knappkantig absteppen. Dafür die Naht in der hinteren Mitte in eine beliebige Richtung bügeln, alle anderen Nähte jeweils in Richtung Rückteil, und von der rechten Seite absteppen. Am besten gleich nach dem Zusammennähen flachsteppen, sonst kommt man nur schwer an die Nähte heran.

9. Dann die Säume am Ärmel und unten 1,5 cm nach links umbügeln und von außen feststecken, die Saumkante muss sorgfältig vorbereitet werden. Das Kleid vorsichtig nach links drehen und alle Säume von außen mit einer elastischen Doppelnaht (z. B. Coverlock oder Zwillingsnadel) und einem Kantenabstand von 1,3 cm nähen.

10. Jetzt kannst du aus festerem Kontraststoff kleine Kreise ausschneiden und sie wie Pailletten aufnähen – ob mit oder ohne Perlen und gleichmäßig oder verstreut, bleibt dir überlassen. Wenn du oft eine Umhängetasche trägst, solltest du das bei der Verteilung der Applikationen berücksichtigen. Die Motive auf das Kleid legen und mit Nadeln oder Klebeband fixieren. Den untersten Teil an seinem höchsten Punkt mit Handstichen festnähen, verknoten. Die Lagen von unten nach oben befestigen. So werden die Stiche der darunterliegenden Teile verdeckt. Bei dicht angeordneten Motiven reicht ein Faden für mehrere Teile, ansonsten neu ansetzen, damit innen keine langen Zugfäden entstehen.

Zusatzinfo zum Ärmeleinnähen:

Auch wenn es aufwendig erscheint – es ist sinnvoll, den Ärmel wie hier beschrieben rund einzunähen. In vielen Anleitungen wird nur die Schulternaht geschlossen und der Ärmel offen eingenäht, bevor die Seitennaht und die Unterarmnaht in einem Durchgang geschlossen werden. Bei dieser Art der Verarbeitung liegt die Nahtzugabe quer zur eigentlichen Bewegungsrichtung, fällt dadurch unschön und kann bei schmaleren Ärmeln unter der Achsel kneifen. Zudem würde sich die Mehrweite der Armkugel nicht optimal verteilen lassen.

Gürtel, S. 65

LEGGINGS

Biker-Look || Einsatz mit Biesen oberhalb der Knie

Stoff:

- 1m Viskosejersey, grau meliert, 150cm breit (bei Gr. 38)
- 70cm Gummiband, 3cm breit (bei Größe 38)

Zubehör:

- Jerseynadel, Zwillingsnadel
- Obertransportfuß
- große Sicherheitsnadel

Tipp für den Zuschnitt:

Der Schnitt für den Knie-Einsatz hat ungewöhnliche Spitzen, die an einen Tannenbaum erinnern. Die Biesen an der geraden Seite unbedingt mit Knipsen markieren (an der anderen Seite geben die Spitzen die Position vor). Die Biesenmitte wird zum Bruch gefaltet (rechte Seite außen) und längs abgenäht. Dafür kannst du den Kettenstich der Coverlock nutzen (mit einer Nadel nähen), ansonsten den Geradstich an der Nähmaschine. Die fertigen Biesen werden nach unten geklappt. Dabei erschließt sich die Sache mit den Spitzen – sie folgen der Form der schrägen Teilungsnaht und geben die „Klapprichtung" an.

Maschine und Stichlänge:

- **Nähte:** Overlock oder Nähmaschine (Jerseystich, Stichlänge 2,5)
- **Säume:** Coverlock oder Nähmaschine (Geradstich mit Zwillingsnadel, Stichlänge 2,5)
- **Biesen:** Coverlock (Kettenstich) oder Nähmaschine (Geradstich, Stichlänge 2,5; Vorsicht: Naht vorher testen, sonst lieber ganz schmalen Jerseystich einstellen)

Zuschnitt:

Du findest die Schnittteile 1–5 auf Schnittbogen 1 und 2.

- 2x oberes Vorderteil (1) (SB 2)
- 2x Knieeinsatz (2) (SB 2)
- 2x unteres Vorderteil (3) (SB 2)
- 2x Rückteil (4) (SB 2)
- 1x Bund im Stoffbruch (5) (SB 2)

Nahtzugaben:

- 0,8cm (Overlock) oder 1cm (Nähmaschine)
- Saum 1,5cm, dabei die eingestellten Säume und dementsprechend ausgestellten Spiegelecken beachten (siehe auch S. 15 und 26)!

Anforderungen:

- Biesen nähen
- hochelastischen Jersey verarbeiten

1.

2.

3.

4.

1. Zunächst den Einsatz mit den Biesen von oben nach unten nähen: Die erste Biese zur Mitte falten (rechte Seite ist außen), die Spitze der einen Seite ist auf gleicher Höhe wie der Knips auf der anderen Seite, mit Quernadeln feststecken. Die Biese mit 0,5 cm Abstand zur Bruchkante der Länge nach abnähen (siehe auch Tipp S. 41). Nützlich ist dafür ein Obertransportfuß, damit die Naht sich nicht ausdehnt. Das Vernähen nicht vergessen!

2. Auf diese Weise werden nach und nach alle Biesen genäht. Bügle sie dann alle nach unten in Richtung Saum.

3. Danach nähst du das obere Vorderteil an den schrägen Knie-Einsatz: Dafür die Teile rechts auf rechts aufeinanderlegen und beim Nähen darauf achten, dass die Biesen nach unten zeigen. Beim Nähen sollte der Knieeinsatz unten liegen, damit sich die Biesen nicht verdrehen.

4. Nun wird das untere Vorderteil festgenäht: Auch dabei wieder die Teile rechts auf rechts mit Quernadeln stecken und zusammennähen. Die Nahtzugaben können nun jeweils zum glatten Teil hin gebügelt und von außen flachgesteppt werden.

5. Um das vordere mit dem hinteren Hosenteil zu verbinden, die beiden Hosenteile rechts auf rechts aufeinanderlegen und mit Quernadeln fixieren. Zuerst nähst du die lange Seitennaht, dann bügelst du die Nahtzugabe ins Rückteil und steppst die Naht anschließend ebenfalls flach.

6. Daraufhin legst du die Innenbeinkanten genau aufeinander, fixierst sie wieder mit Quernadeln und nähst sie vom Schritt zum Saum hin zusammen. Das andere Hosenbein nähst du auf die gleiche Art und Weise.

7. Nun werden die beiden Hosenbeine miteinander verbunden: Ein Bein auf rechts drehen und in das andere (auf links lassen) hineinstecken. Beide Hosenbeine liegen nun rechts auf rechts und du kannst bequem die Schrittnaht aufeinanderstecken. Die Nähte am Innenbein sollten genau aufeinanderpassen und die Nahtzugaben zum Rückteil zeigen, diesen Bereich also unbedingt mit Nadeln fixieren! Die Schrittnaht steppen.

8. Dann die Säume 1,5 cm nach innen umbügeln und von der Außenseite mit einer Cover- oder Zwillingsnaht feststeppen.

10.

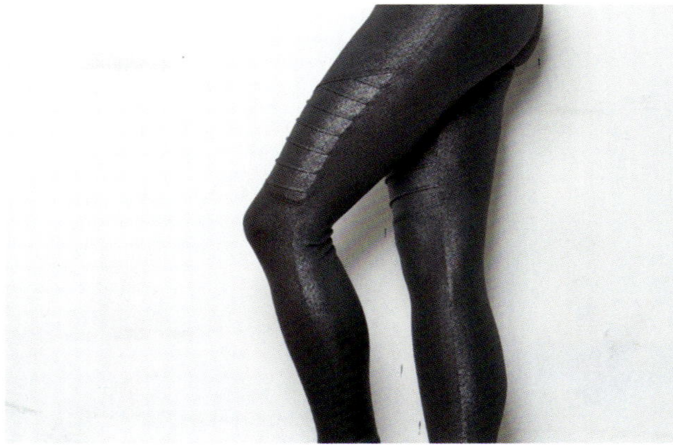

9. Den Bund wie beim T-Shirt (siehe S. 25, Schritte 5 und 6) verarbeiten. Die Bundnaht in der hinteren Mitte positionieren, dort auch mit dem Nähen beginnen. Am Ende der Naht unbedingt eine ca. 3 cm breite Öffnung für das Gummiband frei lassen.

10. Die Länge des Gummis kannst du individuell anpassen. Dazu an deiner Taille abmessen und zusätzlich noch 2 cm Nahtzugabe hinzurechnen. Anschließend das Gummiband mithilfe einer großen Sicherheitsnadel in den Bund einziehen.

11. Die Gummiband-Enden etwas herausziehen, mit 2 cm Überlappung flach aufeinanderlegen und feststecken. Nochmal prüfen, ob sich der Gummi auch nicht verdreht hat, dann die Enden als Rechteck abnähen. So sind die Enden komplett fixiert und drücken sich nicht unschön durch. Danach die Öffnung zusteppen. Wer möchte, kann die Nahtzugabe nun noch nach unten legen und von außen mit einer Zwillingsnaht absteppen. Fertig!

Tipp

Den rockigen Look der Leggings kann man durch Absteppen aller Teilungsnähte noch betonen, wie etwa am Knie-Einsatz und an der Seitennaht. So liegen die Nähte auch flacher und bilden keine Dellen. An den Seiten die Nahtzugaben jeweils zum hinteren Hosenbein hin bügeln und knappkantig absteppen. Am besten geht das mit einer Coverlock oder Zwillingsnadel.

Beutel, S. 59
Kleid, S. 35
Pouf, S. 85

Shorts, S. 51

WESTE MIT ZIPPERN

Aufgesetzte Taschen || Vorder- und Rückteil mit Reißverschlüssen || rückwärtige Passe

Stoff:

- 1 m Steppjersey, 150 cm breit (bei Gr. 48)
- 20 cm Bündchenstoff, 150 cm breit (bei Gr. 48)
- 2 Reißverschlüsse, 60 cm lang
- Alternative: Sweatshirtstoff oder Softshell

Zubehör:

- Jerseynadel, Zwillingsnadel
- Obertransportfuß
- Reißverschlussfuß

Tipp:

Alle Nähte können zusätzlich einfach oder doppelt (mit Zwillingsnadel oder Covernaht) abgesteppt werden. Damit liegen sie nicht nur flacher, man kann sie auch besser weiterverarbeiten. Das gilt besonders für dicke Stellen, wo mehrere Lagen aufeinandertreffen.

Maschine und Stichlänge:

- **Nähte:** Overlock und Nähmaschine (Geradstich, Stichlänge 2,8)
- **Versäubern:** Overlock
- **Steppnaht Tasche und Ziernähte:** Coverlock oder Nähmaschine (Geradstich mit Zwillingsnadel, Stichlänge 2,8)

Zuschnitt:

Du findest die Schnittteile 1–8 auf Schnittbogen 1, 2, 3 und 4.

- 1x Vorderteil im Stoffbruch (1) (SB 4)
- 1x hintere Passe im Stoffbruch (2) (SB 2)
- 1x Rückteil im Stoffbruch (3) (SB 3)
- 2x aufgesetzte Tasche (4) (SB 3)
- 1x vorderes Saumbündchen im Stoffbruch (5) (SB 4)
- 1x hinteres Saumbündchen im Stoffbruch (6) (SB 4)
- 1x Ausschnittstreifen (7) (SB 1)
- 2x Armlochbündchen (8) (SB 2)

Nahtzugaben:

- 1 cm, am Tascheneingriff 2,5 cm
- Kanten bis auf den Saum, Hals- und Armausschnitt versäubern

Anforderungen:

- Reißverschlüsse an schrägen Kanten festnähen
- Bündchen mit verstürzten Enden anbringen

1.

3.

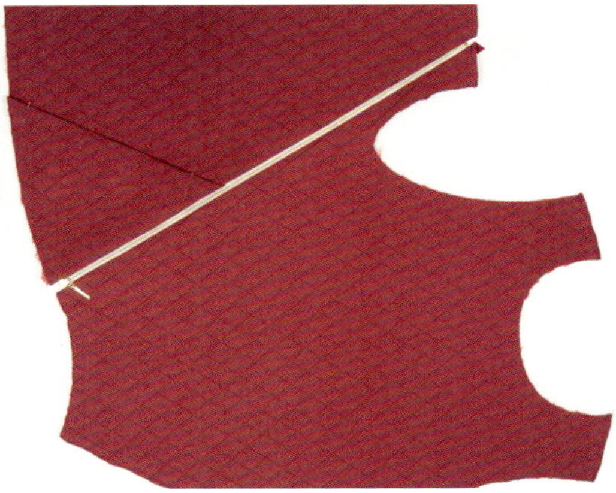

2.

4.

1. Zuerst die Tascheneingriffe 2,5 cm nach innen umschlagen, mit Quernadeln fixieren und mit 2,2 cm Kantenabstand mit der Coverlock oder der Nähmaschine und Zwillingsnadel von der rechten Seite feststeppen. Die Kanten verlaufen schräg, darauf achten, dass sie beim Nähen nicht ausgedehnt werden.

2. Die Taschen links auf rechts auf dem Rückteil positionieren, bündig an die schrägen Seitenkanten stecken. Dann die Reißverschlüsse jeweils mit einer Kante rechts auf rechts darauflegen, feststecken (die Zipper müssen Richtung Saum zeigen). Achte darauf, dass du am Rückteil 1,5 cm Abstand zur Oberkante hast, damit bei den schräg aneinandergesetzten Teilen genug Zugabe zum Ansetzen der Passe übrig ist. Auch am Saum sollte mindestens 1 cm Zugabe übrig sein. Mit einem Kantenabstand von 1 cm festnähen. Um am Schieber vorbeizukommen, die Nadel im Stoff stecken lassen, das Füßchen anheben, dann den Schieber vorbeiziehen, Füßchen senken und weiternähen.

3. Das Gleiche machst du nun mit dem Vorderteil: Das Rückteil mit der rechten Seite nach oben auf die Arbeitsfläche legen. Das Vorderteil rechts auf rechts darauflegen und die andere Reißverschlusshälfte jeweils an den Kanten mit Nadeln fixieren und festnähen. Achte hier besonders darauf, dass die Reißverschlüsse an Vorder- und Rückteil jeweils oben und unten mit derselben Nahtzugabe abschließen und die Schnittkanten der Teile auf gleicher Höhe sind (zum Prüfen einfach aufklappen). Und um nichts zu verwechseln: die kurze, gerundete Kante ist der Vorderteil-Saum und muss nach unten zum Zipper und der aufgesetzten Tasche.

4. Wenn du den bereits eingenähten Reißverschluss vorher öffnest, lässt sich der zweite Zipper einfacher feststecken und schließlich auch -nähen. Hier solltest du die Übergänge an den Kanten ebenfalls genau abgleichen.

5.

7.

5. Danach die Passe an der geraden Kante rechts auf rechts auf das Rückteil stecken und feststeppen – dabei sollte auf jeden Fall die Rückteilseite oben liegen, damit du die Reißverschlussenden siehst und an ihnen vorbeinähen kannst. Die Nähnadel sollte auf keinen Fall auf das Metallende treffen, sonst bricht sie ab.

6. Anschließend die Teile an den Schultern rechts auf rechts legen und zusammennähen.

7. Nun werden die Bündchen befestigt: Dafür die Hals- und Armausschnittstreifen wie beim T-Shirt verarbeiten (siehe S. 25, Schritte 5 und 6) und als Ring einnähen.

8. Für den vorderen und hinteren Saum werden zuerst die Enden der Bündchen verstürzt: Dafür die Saumbündchen jeweils an den Schmalseiten zur Hälfte legen (rechte Seite ist innen), kurze Seiten abnähen und dann wenden. Dann eine Längskante mit Quernadeln an den jeweiligen Saum (rechts auf rechts) stecken. Beachte dabei, dass die Bündchen kürzer sind als der eigentliche Saum. Stecke deshalb zuerst die Enden und die jeweilige Mitte aufeinander und verteile dann die restliche Weite gleichmäßig. Die Bündchen sollten an der Reißverschlusskante immer 1–2 mm überstehen, damit diese später nicht mehr sichtbar ist. Nun die Bündchen festnähen.

9. Danach wird die Nahtzugabe in das Bündchen gebügelt. Die noch offene Kante ebenfalls 1 cm nach innen umbügeln und die Bruchkante so positionieren, dass die vorherige Naht leicht überdeckt wird. Das Bündchen dann von der Außenseite feststecken und im Nahtschatten steppen, jeweils von Reißverschluss zu Reißverschluss. Auch hier aufpassen, dass du nicht aus Versehen auf den Metallreißverschluss nähst, sonst bricht die Nadel. Die Reißverschlüsse testen, und fertig ist das coole Stepp-Teil.

Tipp für den Zuschnitt:

Den Aufschlag kann man auch direkt am Hosensaum zugeben, dann musst du aber unbedingt auf die richtigen Spiegelecken achten. Damit beim Auflegen des Schnitts die doppelte Breite des Aufschlags für beim Auflegen des Schnitts die doppelte Breite des Aufschlags zugeben. Dafür zeichnest du an den Vorder- und Rückteilschnitt jeweils die doppelte Saumzugabe an (bei einem 4cm breiten Aufschlag also 8cm). Die Bruchlinien markieren, zunächst aber nur quer an der finalen Saumlinie entlangschneiden und die Seiten aussparen. Dann die 4cm an der Saumlinie zweimal nach oben umklappen, damit der fertige Aufschlag entsteht. Nun kann man die Hose an der Innen- und Seitennaht durch alle Lagen gemäß Schnittmuster zuschneiden. Wenn man den Saum wieder flach auslegt, sind gespiegelte Ecken entstanden, die dem Aufschlag die nötige Weite geben.

HERRENSHORTS

Saumaufschlag || Eingrifftaschen || Bund mit Tunnelzug, Kordel und Ösenverstärkung

Stoff:

- 1m Sweatshirtstoff, 150cm breit (für alle Größen)
- 10 x 12cm Korkstoff oder Leder
- Nahtband zum Aufbügeln, 1cm breit
- ca. 1,20m Anorak-Kordel (8mm Durchmesser)

Zubehör:

- Jerseynadel
- Obertransportfuß
- Brett und Hammer
- große Sicherheitsnadel
- 2 Ösen (14mm Durchmesser), mit Werkzeug zum Befestigen
- evtl. Klebebeand (für die Kordelenden)

Maschine und Stichlänge:

- **Nähte:** Nähmaschine (Geradstich, Stichlänge 2,8)
- **Versäubern:** Overlock

Zuschnitt:

Du findest die Schnittteile 1–9 auf Schnittbogen 3.

- 2x Vorderteil (1)
- 2x Rückteil (2)
- 2x vorderer Taschenbeutel (3)
- 2x hinterer Taschenbeutel (4)
- 2x vorderer Saumaufschlag (5)
- 2x hinterer Saumaufschlag (6)
- 1x Ösenverstärkung für Bund (7)
- 1x Bund im Stoffbruch (8)
- 1x Hosenschablone (9) aus Pappe zuschneiden

Nahtzugaben:

- 1cm

Alle Kanten bis auf den Bund und die gerundeten Tascheneingriffe (an Vorderteil und Taschenbeutel) versäubern

Anforderungen:

- Eingrifftaschen und Saumaufschlag

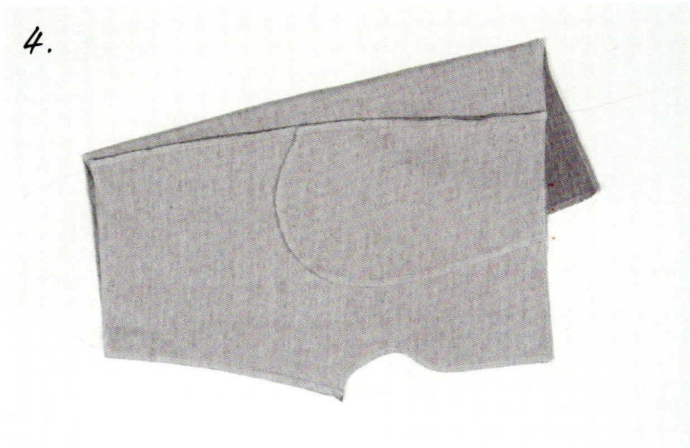

1. Zum Verstärken der Tascheneingriffkante am Vorderteil jeweils Nahtband auf die linke Stoffseite bügeln, an den Rundungen das Band evtl. etwas einschneiden. Den vorderen Taschenbeutel rechts auf rechts auf das Vorderteil legen und zunächst am Eingriff feststeppen. Die Nahtzugaben in Richtung Taschenbeutel bügeln und anschließend alle 2 cm vorsichtig kleine Dreiecke herausschneiden, ohne die Naht dabei zu verletzen.

2. Als Nächstes die Nahtzugabe am Tascheneingriff von rechts knappkantig flachsteppen, damit sich die Naht später nicht nach außen rollt. Darauf achten, dass sich der Tascheneingriff nicht ausdehnt. Dann den Beutel auf die Innenseite klappen, Eingriff noch mal bügeln und nach Belieben auch von außen absteppen.

3. Das vordere Hosenbein je auf dem hinteren Taschenbeutel positionieren, rechte Stoffseiten liegen oben. Die Markierungen beim Anlegen beachten und die Eingriffkante mit Stecknadeln fixieren. Hosenbein nach oben klappen und die beiden Lagen des Taschenbeutels bis auf Bund und Seiten zusammennähen. Hosenbein wieder herunterklappen, dann die noch losen Taschenbeutelkanten an Bund und Seite feststecken und knappkantig festnähen.

4. Jetzt können jeweils vorderes und hinteres Hosenbein an der Seiten- und der Innenbeinnaht aufeinandergelegt, gesteckt und zusammengenäht werden. Am besten von oben nach unten nähen, damit kleine Ungenauigkeiten später im Saum versteckt werden können. Beide Hosenbeine sind nun zu Röhren geschlossen.

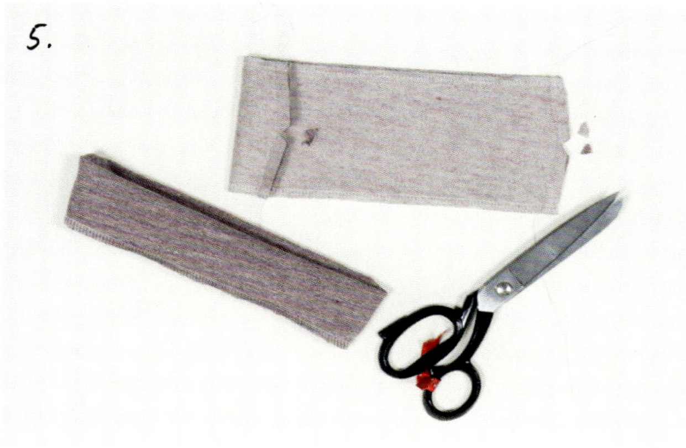

5. Den vorderen und hinteren Saumaufschlag jeweils an den Schmalseiten zusammennähen und in den Ecken aus der Nahtzugabe vorsichtig ein kleines Dreieck herausschneiden. Achte auch hier darauf, nicht in die Naht zu schneiden! Nun bügelst du die Nahtzugaben auseinander, faltest den Aufschlag der Länge nach zur Hälfte (linke Seite liegt innen) und fixierst ihn mit Nadeln.

6. Den Aufschlag nun in das jeweilige Hosenbein schieben. Hier liegen nun die rechte Seite des Aufschlags und die linke Seite des Hosenbeins jeweils mit den Schnittkanten aufeinander. Die Nahtzugabe zeigt nach außen, verschwindet aber später unter dem Aufschlag. Den Aufschlag ringsum festnähen, am besten an der Innennaht beginnen.

7. Der Aufschlag wird nun einfach nach außen über die Naht geklappt und unsichtbar an Innen- und Seitennaht mit einigen Handstichen fixiert. Wer möchte, kann den Aufschlag auch ringsum mit Blindstich (siehe S. 19) festnähen.

8. Wenn beide Hosenbeine fertig sind, wird eines nach links gedreht und in das richtig liegende Hosenbein hineingeschoben. Teile an der Schrittnaht exakt aufeinanderlegen, sie müssen an den Innenbeinnähten genau übereinstimmen. Feststecken und die Schrittnaht von der vorderen zur hinteren Mitte nähen.

9. Als Nächstes die Hose nach rechts drehen und den Untertritt (4 cm ab vorderer Mitte) zur linken Seite bügeln und feststecken. Die Vorderteile an der oberen Kante im Bereich des Untertritts aufeinanderlegen, die vordere Mitte beachten, mit einer kurzen Naht sichern. Dann die angedeutete Öffnung mithilfe der Schablone längs feststeppen (mit 3,5 cm Abstand zur vorderen Mitte), dabei den Untertritt mit erfassen. Falls es zu knapp wird, nur mit 3 cm Abstand oder eine zweite Naht danebensteppen.

10. Das kleine Verstärkungsteil (Korkstoff) für die Ösen jeweils rechts auf rechts an die Schmalseiten des Bunds stecken und festnähen, sodass ein Ring entsteht. Dann die Nahtzugaben jeweils zur Seite nach außen bügeln und von der rechten Seite knappkantig flachsteppen.

11. Jetzt kannst du die Ösen auf dem Bund platzieren und einschlagen. Wie das genau funktioniert, entnimmst du am besten der entsprechenden Packungsbeilage deines Ösen-Pakets. Mit einem Holzbrett darunter (und nicht zu zaghaft!) klappt das Einschlagen auf Anhieb.

12. Die hintere und vordere Bundmitte mit Nadeln fixieren, die Bundaußenseite rechts auf rechts an der oberen Hosenkante feststecken. Die Ösen sollten genau mittig zum Bruch in der vorderen Mitte sitzen (also nicht an der Untertrittsteppnaht orientieren). Die restliche Weite gleichmäßig verteilen. Darauf achten, dass alle Längsnähte auseinandergebügelt sind, bevor der Bund rundherum festgenäht wird. Um den nächsten Schritt zu sparen, kann der Bund gleich doppellagig festgenäht werden. Dafür aber alle Schnittkanten versäubern und in der hinteren Mitte beginnen.

13.

14.

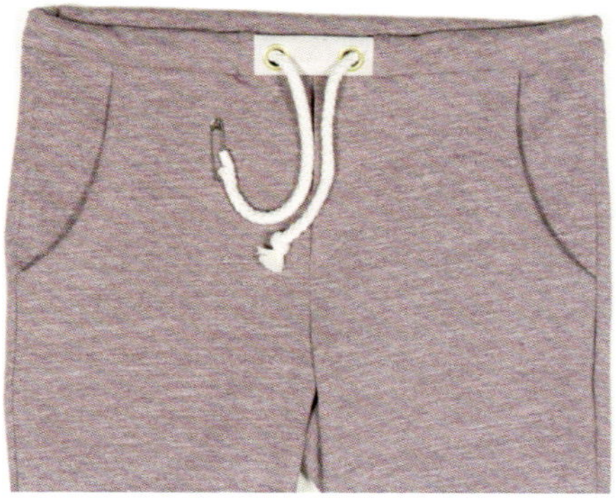

13. Die offene Bundkante 1 cm nach innen bügeln, den Bund dann zur Hälfte bügeln und ringsum von außen so im Nahtschatten feststecken, dass die gebügelte Bruchkante an der Hoseninnenseite die Nahtlinie leicht überdeckt. Nadeln dicht stecken oder Bund festheften, damit nichts verrutschen kann, und dann von der Außenseite im Nahtschatten nähen.

14. Zum Schluss die Kordel mithilfe der Sicherheitsnadel durch die Ösen einziehen. Damit sich die Kordelenden dabei nicht aufdrehen, diese zuvor eng mit Klebestreifen umwickeln und die Sicherheitsnadel durchstecken. Das erleichtert auch das Teilen von Kordeln. Einfach die entsprechende Stelle umwickeln, Kordel in der Mitte des Klebestreifens durchschneiden – und die Enden bleiben in Form. Die Kordelenden noch mit einem Knoten oder mit Stoppern fixieren. Fertig!

Tipp

Wer die Shorts ohne Kork- oder Lederverstärkung nähen möchte, sollte Ösen mit Unterlegscheibe verwenden, sie stabilisieren den Stoff zusätzlich. Im Bereich der Ösen dann unbedingt von links eine Einlage auf den Bund aufbügeln. Statt Kordel kann man auch ein Gummiband in den Tunnel einziehen, dann erübrigen sich die Ösen (siehe Leggings S. 44).

ACCESSOIRES

Kleid, S. 35
Leggings, S. 41

BEUTEL

Wendebeutel mit Einfassung || Kontrast-Paspel || Griff aus Kork oder Leder

Stoff:

- 0,50 m Romanit oder Sweatshirt-stoff, 150 cm breit
- 0,25 m Single-Jersey, schwarz, 150 cm breit
- 7 x 50 cm Single-Jersey, lachsfarben
- 10 x 20 cm Korkstoff

Zubehör:

- Jerseynadel, Universalnadel
- Obertransportfuß
- evtl. Kantenfuß
- evtl. Pinsel oder Ess-Stäbchen

Maschine und Stichlänge:

- **Nähte:** Nähmaschine (Geradstich, Stichlänge 2,5)

Zuschnitt:

Für den Beutel gibt es kein Schnittmuster, die Teile in den angegebenen Maßen zuschneiden, Nahtzugabe (1 cm) ist bereits enthalten!

- 1x Beutelteil, gestreift: 50 x 150 cm
- 2x Einfassstreifen, schwarz: 8 x 50 cm (für Schmalseiten)
- 2x Einfassstreifen, schwarz: 8 x 100 cm (für Längsseiten und Boden)
- 2x Paspel, lachsfarben: jeweils 3,5 x 50 cm
- 1x Griff aus Korkstoff oder Leder: 10 x 20 cm

Anforderungen:

- Kanten mit Jerseystreifen einfassen
- Falttechnik

Stofftipp:

Der Stoff für den Beutel darf nicht zu elastisch sein, sonst leiert er aus. Ganz gleich, ob gestreift oder uni – auf jeden Fall sollte auch die linke Seite schön sein, da der Beutel nicht gefüttert ist und gewendet werden kann. Die Einfassstreifen kannst du übrigens auch durch fertiges Schrägband ersetzen (dann 20 cm mehr kaufen, denn dieses ist weniger dehnbar).

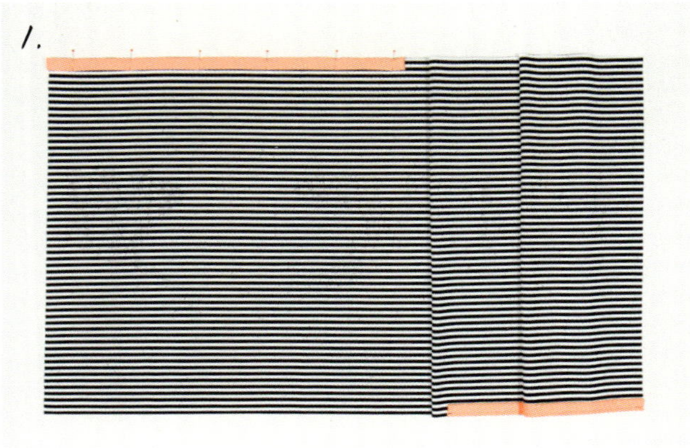

1. Als Erstes werden die lachsfarbenen Paspeln festgenäht: Dafür einen Streifen der Länge nach zur Hälfte (linke Seite liegt innen) falten und rechts auf rechts an einer Längskante des Beutels (bis zum ersten Drittel) mit Quernadeln feststecken. Alle offenen Schnittkanten liegen dabei aufeinander, die Enden müssen nicht eingeschlagen werden. Paspel knappkantig festnähen. Die andere Paspel genauso – aber diesmal an die gegenüberliegende Ecke.

2. Danach werden die beiden Schmalseiten eingefasst: Dafür jeweils einen der 50 cm langen Streifen der Länge nach auf die Hälfte (links auf links) falten und ihn mit den Schnittkanten nach außen an die Schmalseite des Beutels stecken. Anschließend mit 1 cm Kantenabstand festnähen.

3. Den Einfassstreifen hochklappen, um die Nahtkante auf die linke Seite legen und den Streifen von rechts so in der Nahtlinie feststecken, dass die umgeschlagene Bruchkante auf der linken Seite mit erfasst wird.

4. Jetzt kannst du den Streifen von der Außenseite im Nahtschatten (also genau in der Naht) oder knappkantig (hier knapp auf der Paspel) festnähen. Es ist einfacher, knappkantig auf der Paspel zu nähen, da der Stoff vom Nähfuß immer ein bisschen über die vorherige Naht geschoben wird. Geübtere können direkt im Nahtschatten nähen. Dazu ist ein Kantenfüßchen sehr hilfreich, denn es drückt den Stoff zusätzlich ein wenig zur Seite, sodass man besser innerhalb der Naht steppen kann.

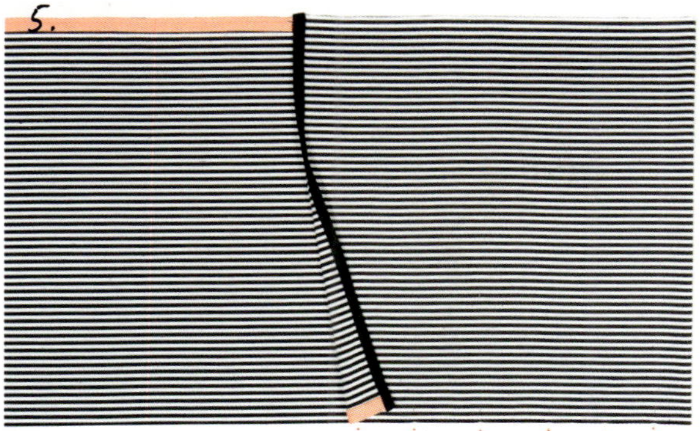

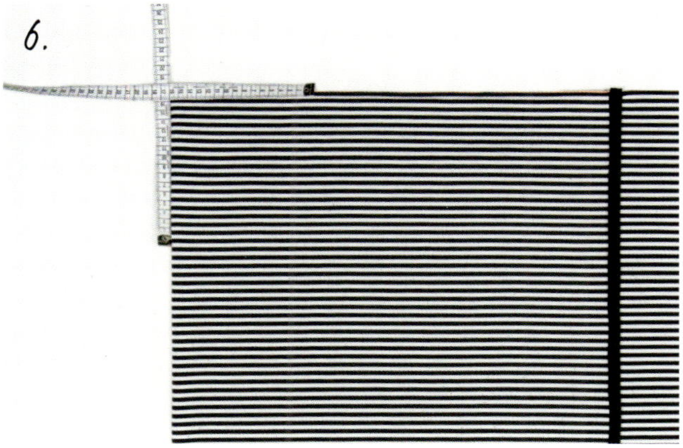

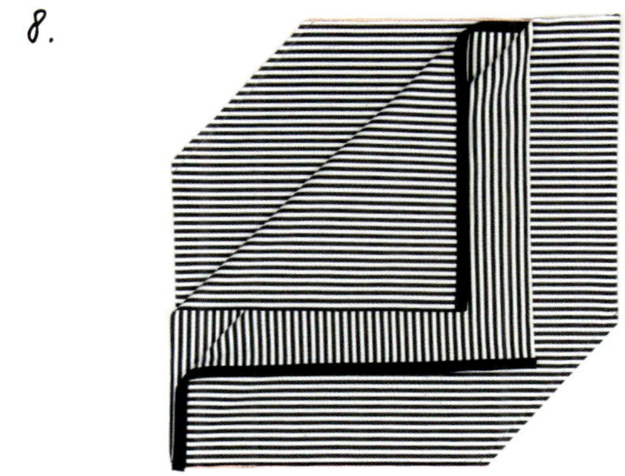

5. Nun wird das Stoffteil zum Beutel gefaltet – durch die lachsfarbenen Paspeln ist es bereits in Drittel eingeteilt, die als Anhaltspunkt dienen. Klappe also am Stoffteil eine schwarz eingefasste Schmalseite nach innen (rechts auf rechts), und zwar bis zu dem Punkt, an dem das untere Ende an die Paspel stößt. Die (nicht eingefassten) Längskanten bis zur lachsfarbenen Paspel mit Quernadeln aufeinanderstecken und zusammennähen.

6. Falls die Tasche einen Boden haben soll (ansonsten direkt zu Schritt 8 übergehen) die Beutelecke an der bereits gesteppten Naht glatt streichen und, von der Ecke ausgehend, jeweils von der Bruchkante und der Naht ausgehend 16 cm abmessen und mit Kreide oder Nadeln markieren. Achte darauf, an der Bruchkante von der Naht aus zu messen, nicht ab der Außenkante! Sonst wird der Boden unsymmetrisch.

7. Eine gerade Linie von Markierung zu Markierung ziehen (dadurch entsteht ein Dreieck), stecken und dann genau auf der gezeichneten Linie nähen, Enden gut vernähen. Das überschüssige Dreieck kannst du nun mit 1 cm Nahtzugabe abschneiden.

8. Anschließend folgen die gleichen Schritte an der anderen Schmalseite. Das Stoffteil mit der noch offenen Seite flach auslegen. Am besten die Ecke mit der lachsfarbenen Paspel nach oben wegklappen, damit sie nicht aus Versehen mit festgenäht wird. Die schwarz eingefasste Schmalseite wieder bis zum Ende der lachsfarbenen Paspel nach oben klappen (rechte Seite liegt innen), die (nicht eingefassten) Längskanten wieder bis zur lachsfarbenen Paspel fixieren und zusammennähen. Danach das zweite Dreieck für den Boden abnähen. Das Teil sollte flach ausgelegt schließlich wie auf dem Foto aussehen.

9.

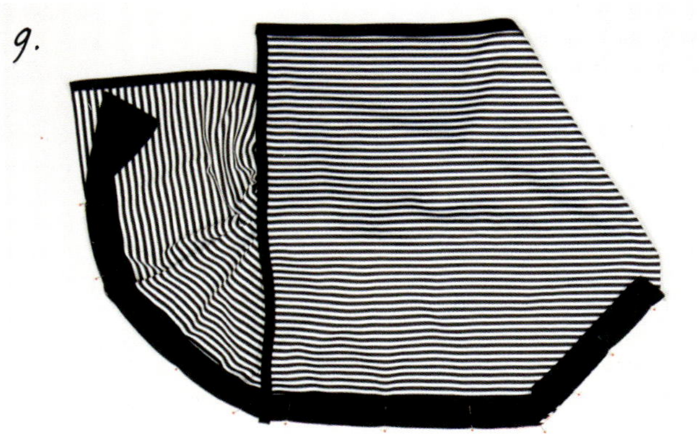

11.

10.

12.

9. Die noch offenen Kanten einer Beutelhälfte nun fortlaufend mit der seitlichen Naht und einer Bodenecke einfassen: Der Paspelanfang muss hier sauber verarbeitet sein, da er später sichtbar ist. Deshalb zunächst einen langen Einfassstreifen an einem Ende zur Hälfte (rechte Seite ist innen) legen und diese kurze Seite abnähen. Ecke nach rechts wenden und am Beginn der (schräg verlaufenden) Bodennaht feststecken. Das andere (offene) Streifenende an der oberen Beutelecke feststecken, den Streifen gleichmäßig fortlaufend feststecken (der Einfassstreifen ist etwas kürzer als die Schnittkante). Am Übergang von Boden zur Seite kann der Streifen leicht gerundet angenäht werden. Nahtzugabe dort zurückschneiden. Streifen wieder wie in Schritt 3 und 4 festnähen. Die andere offene Taschenhälfte genauso einfassen.

10. Für den Griff aus Korkstoff brauchst du eine Universalnadel. Das Griffteil an den Schmalseiten jeweils 1 cm nach innen einschlagen und von rechts mit 0,8 cm Kantenabstand festnähen.

11. Dann das Griffteil an den Längsseiten rechts auf rechts aufeinanderlegen und mit 1 cm Kantenabstand zusammennähen, den fertigen Griff wenden. Jetzt wieder mit der Jerseynadel nähen.

12. Nun hast du noch die beiden langen Taschenzipfel, die zum Träger werden. Dafür schiebst du einen Zipfel mithilfe eines langen Pinsels oder Ess-Stäbchens durch den Griff. Schiebe ihn eng zusammen, dann wird er auch weicher. Die Spitze, die aus dem Griff hervorkommt, ca. 5 cm überlappend auf den anderen Zipfel legen und feststecken. Die Lagen zweimal im Quadrat absteppen und vernähen. Den Beutel wenden und fröhlich shoppen gehen.

Tipp

Wer sich das aufwendige Einfassen der Kanten sparen möchte, kann diese auch nur doppelt einschlagen und den Beutel wie beschrieben zusammennähen.

GÜRTEL

Upcycling: Jerseyschlauch mit eingezogener Kordel || Karabinerverschluss

Stoff:

- 10 x 150 cm Single-Jersey
- 3 m Anorak-Kordel (0,8 cm Durchmesser), evtl. 10 cm mehr für Nähprobe
- 1x Karabinerhaken (Öffnung 2 cm breit)
- 1x D-Ring (2 cm Durchmesser)

Zubehör:

- Jerseynadel
- spitze Stopfnadel
- Zwirn zum Umwickeln
- große Sicherheitsnadel
- evtl. Klebeband (für die Kordelenden)

Maschine und Stichlänge:

- **Nähte:** Overlock (Stichbreite 8) oder Nähmaschine (Jerseystich, Stichlänge 2,5)

Zuschnitt:

- Für den Gürtel gibt es kein Schnittmuster, Teile wie angegeben zuschneiden, Nahtzugaben (ca. 0,8 cm) sind hier bereits enthalten.
- 2 Stoffstreifen mit je 3,5 x 150 cm
- Alternativ dazu mehrere kurze Stücke aneinandernähen oder verschiedene Farben kombinieren. Wichtig ist nur das finale Maß (3 m) zum Knoten.

Anforderungen:

- Verschluss anbringen
- Knotentechnik

Tipp für den Zuschnitt:

Die Breite der Streifen muss dem Durchmesser der Kordel angepasst werden, damit diese schön eng im Jerseytunnel sitzt. Deshalb sollte man eine kleine Nähprobe machen: 10 cm Kordel abschneiden und um diese ein Stück Jersey herumlegen. Den Stoffstreifen eng um die Kordel legen und die Breite mit einer Nadel markieren. Nun die Breite ausmessen und Nahtzugabe hinzufügen. Dann den kleinen Stoffstreifen als Tunnel abnähen und die Probekordel einziehen. Die Breite des Streifens gegebenenfalls anpassen.

1.

2.

3.

1. Zuerst die Jerseystreifen der Länge nach zu zwei gleich langen Röhren schließen (rechte Seite ist innen), dann nach rechts wenden. Das funktioniert am besten auf diese Weise: Eine Sicherheitsnadel an einem Streifenende in die Nahtzugabe stecken, nach innen stülpen und dann Stück für Stück durch den Tunnel schieben. Falls die Nahtzugabe zu breit ist, diese einfach etwas zurückschneiden, damit der Tunnel nicht zu eng wird.

2. Nun halbierst du die Kordel, umwickelst die Enden eng mit Klebeband, befestigst dann erst die Sicherheitsnadel und ziehst schließlich jede Kordel in eine Jerseyröhre ein. Auf diese Weise kann sich die Kordel am Ende nicht aufzwirbeln, während sie durch den Tunnel gezogen wird. Versuche die Jerseyröhre so gleichmäßig wie irgendwie möglich über die Kordel zu schieben, damit sich die Nahtzugabe nicht wie eine Spirale verdreht. Sollte das passieren, wird es später eventuell schwierig, die Naht ordentlich zu verstecken.

3. Und schon geht es ans Knoten: Lege die Kordeln dicht nebeneinander und markiere jeweils die Mitte mit einer Stecknadel. Du kannst auch eine Sicherheitsnadel durch beide Kordeln stecken, um sie zu fixieren. Dann von der Mitte ausgehend, nach rechts und links die Schlaufen legen. Wie es richtig gemacht wird, siehst du Schritt für Schritt in der Skizze.

4. Sobald der Gürtel geknotet ist, müssen die Schlaufen fixiert werden, damit sie nicht auseinanderrutschen. Du kannst das natürlich mit einem unsichtbaren Blindstich machen oder die Befestigung gleich richtig auffällig gestalten. Hier wurde das Neongelb des Kleids von S. 35 gewählt. Für den leuchtenden Farbtupfer dicken Zwirn in eine spitze Stopfnadel einfädeln und die vordere Mitte des Gürtels mehrmals umwickeln. Faden auf der Innenseite vernähen. Du kannst natürlich jede beliebige Stelle oder gleich mehrere umwickeln und die Kordeln auf diese Weise miteinander verbinden. Ton in Ton sieht das übrigens auch gut aus.

4.

6.

5.

5. Nun die Länge des Gürtels prüfen, dabei unbedingt die Länge des Verschlusses mit einkalkulieren: Einfach den Gürtel nach hinten drehen, um vorn die Lücke für den Haken abzumessen oder den Gürtel probehalber feststecken (der Verschluss soll mittig sitzen). Dann die Enden jeweils von vorne nach hinten durch den D-Ring bzw. Karabiner stecken, Überschuss noch nicht abschneiden. Die Gürtelenden fest zusammendrücken und mittig auf der Kordel zu nähen beginnen, mit Geradstich so eng wie möglich neben dem Verschluss nähen. Bei manchen Maschinen kann man die Nadelposition ganz nach rechts stellen, um noch dichter an den Verschluss zu kommen. Einige Male vor- und zurücknähen.

6. Jetzt kannst du die überschüssige Kordel abschneiden: Dafür den Jerseystreifen so weit wie möglich zur Quernaht zurückschieben und die Kordel knapp abschneiden. Den Jersey über das fransige Ende der Kordel schieben, Schlauchende evtl. noch einschlagen und von außen eine zweite Quernaht dicht neben der ersten steppen. Gürtel umlegen, einhaken und fertig ist das gute Stück.

Tipp

Wenn du den Style gut findest, aber nicht als Gürtel tragen möchtest, kannst du eine geknotete Kordel auch um den Hals tragen. Dann kannst du noch eine glitzernde Gliederkette aus Metall oder ein Lederband einarbeiten – so wird auch eine „nackte" Kordel auf der nächsten Party zum absoluten Hingucker. Damit das Ganze nicht zu wuchtig wird, solltest du eine dünnere Kordel verwenden, an der ein Hülsenverschluss (mit Endkappen) befestigt werden kann.

Weste mit Zippern, S. 47
Shorts, S. 51

WEEKENDER

Tasche mit Wattierung und Reißverschluss

Stoff:

- 0,30 m Steppjersey
- 35 x 120 cm Korkstoff (für Boden, Seiten, Laschen)
- 1 Reißverschluss, 55 cm lang
- 2,30 m Gurtband, 4 cm breit
- Alternativ dazu feste Stoffe wie Sweatshirtstoff oder Romanit. Steppjersey kann auch selbst hergestellt werden (siehe S. 74)

Zubehör:

- Jerseynadel
- Obertransportfuß
- Reißverschlussfuß

Maschine und Stichlänge:

- **Nähte:** Nähmaschine (Geradstich, Stichlänge 2,8)
- **Versäubern:** Overlock

Zuschnitt:

Du findest die Schnittteile 1–5 auf Schnittbogen 3 und 4.

- 2x eckiges Seitenteil (1) (SB 4)
- 1x Boden (2) aus Korkstoff (SB 3)
- 2x rundes Seitenteil (3) aus Korkstoff (SB 4)
- 2x Reißverschluss-Blende (4) (SB 4)
- 2x Außenlasche (5) aus Korkstoff (SB 4)

Nahtzugaben:

- 1 cm

Alle Jerseyteile ringsum versäubern, die kleinen Blenden zur Abdeckung der Reißverschluss-Enden zur Hälfte falten und an den drei Kanten zusammen versäubern.

Anforderungen:

- Reißverschluss einnähen
- gerade mit runden Teilen verbinden
- unterschiedliche Stoffe verarbeiten

1.

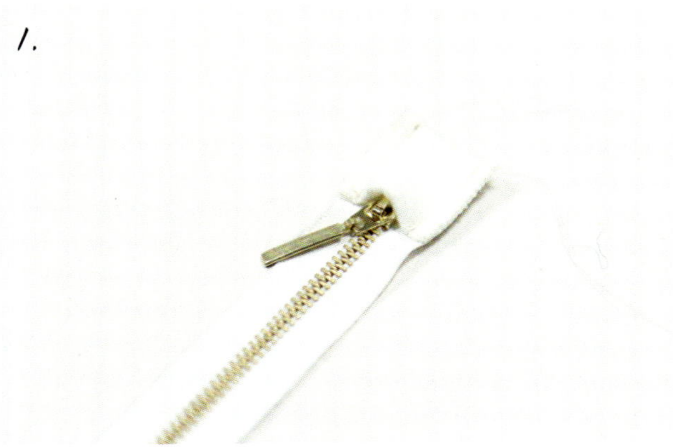

2.

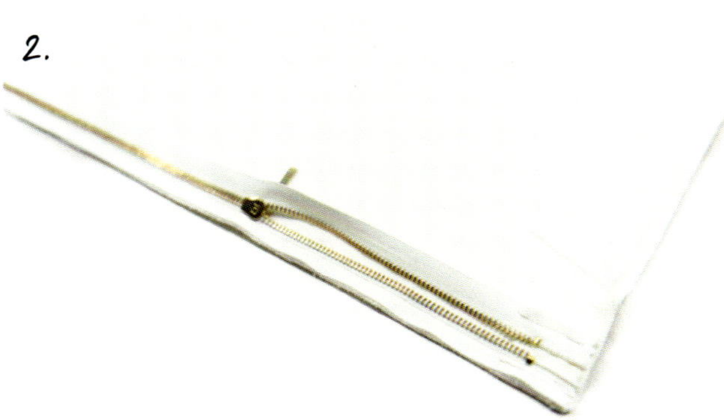

3.

4.

1. Zuerst werden die Reißverschlussenden mit kleinen Blenden verschönert: Diese sind bereits versäubert (siehe Nahtzugaben). Blenden rechts auf rechts mit dem Bruch nach innen und bündig auf die Reißverschlussenden stecken. Die Blenden sind etwas breiter, sodass du sie ein bisschen „anschieben“ musst. Dadurch entsteht eine kleine Welle, unter der später der Zipper verschwindet. Den Reißverschlussfuß einsetzen und die Blenden an den drei Seiten knappkantig festnähen.

2. Eine Reißverschlussseite rechts auf rechts (Zipper nach unten auf den Stoff) an eine Längskante eines eckigen Seitenteils stecken. Den Zipper mit ca. 1 cm Kantenabstand festnähen, am Anfang ein Stück öffnen. Nicht zu dicht an den Zähnchen nähen, sonst kommst du nicht am Schieber vorbei. Dort angelangt, die Nadel im Stoff stecken lassen, das Füßchen anheben und den Schieber daran vorbeiführen. Zipper vorsichtig schließen, dann weiternähen, am Ende die Naht sichern.

3. Anschließend bügelst du die Nahtzugabe in Richtung Seitenteil und steppst sie von der Außenseite knappkantig flach. So kann der Stoff nicht in die Reißverschlusszähnchen rutschen, wenn du die Tasche öffnest und schließt.

4. Das Gleiche machst du mit der anderen Seite des Reißverschlusses und dem zweiten eckigen Seitenteil.

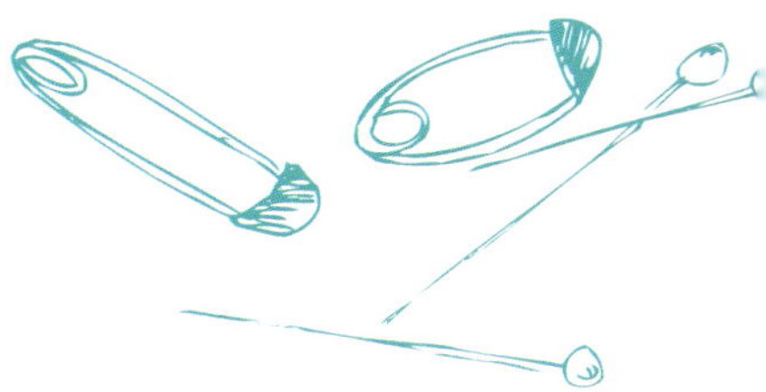

5.

7.

6.

8.

5. Jetzt kannst du die beiden Außenlaschen vorbereiten: Stecke jede davon an den Längskanten aufeinander (rechte Seite liegt innen) und nähe sie dort zusammen. Wende sie nach rechts, die Naht soll innen in der Mitte liegen.

6. Die Außenlaschen nun quer zur Hälfte falten, sodass die kurzen Enden aufeinanderliegen, dann mittig auf die Reißverschlussenden legen und knappkantig festnähen.

7. Teile das Gurtband in zwei gleich lange Henkel. Auf dem Papierschnitt kannst du sehen, wie du die Henkel auf den Seitenteilen positionieren musst. Stecke die Bänder entsprechend fest und nähe sie knappkantig auf den Stoff. Am oberen Ende wird das Gurtband später am stärksten belastet, da hier die größten Kräfte wirken – dort also das Band gut absichern und am besten noch kreuzförmig absteppen.

8. Anschließend den Korkboden rechts auf rechts an eine Längskante der Seitenteile legen und mit 1 cm Kantenabstand festnähen. Am besten von der Korkseite aus steppen, damit sich der Steppstoff nicht ausdehnen kann. Die Nahtzugabe in Richtung Boden bügeln und von außen flachsteppen – natürlich mit farblich passendem Oberfaden für den Korkstoff.

9. Die andere Längskante des Bodens auf die gleiche Weise an das zweite Seitenteil nähen. Hier ist das Flachsteppen nicht mehr so einfach. Am besten öffnest du den Reißverschluss und nähst „innerhalb" der Tasche.

10. Nun fehlen noch die runden Seitenteile: Dafür das Taschenteil nach links drehen, die überstehenden Gurtbandecken abschneiden und ein rundes Korkteil anhand der Knipse positionieren: es gibt einen für die Bodenmitte, je einen für die Viertel sowie die beiden Knipse oben für die Zipperposition. Die Teile zusammenstecken und ringsum vom Korkteil aus festnähen. Der Korkstoff ist etwas steif, deshalb vorsichtig steppen. Oben am Zipper ganz langsam über die dicke Stelle mit der Lasche nähen, damit die Nadel nicht abbricht.

11. Das zweite runde Seitenteil genauso feststecken – da die Tasche nun nach links gedreht ist, solltest du unbedingt darauf achten, dass der Zipper geöffnet ist, bevor du die letzte Naht schließt ... sonst wird es mit dem Wenden schwierig! Aber dann ist es geschafft – Tasche umdrehen und los geht's zum Sport oder ins lange Wochenende!

Tipp

Du kannst einen beliebigen Jerseystoff auch selbst wattieren und ihn mit eigenem Muster oder einer andersfarbigen Rückseite gestalten. Wie das funktioniert, siehst du auf S. 74.

Fliege, S. 81

STEPP-JERSEY SELBST MACHEN

Nicht immer findet man den passenden Stoff oder die richtige Farbe für das gewünschte Projekt. Du kannst dir deine Steppstoffe deshalb liebend gerne mit eigenem Muster oder vielleicht mit einer anderen Innenfarbe selbst quilten. Dafür braucht es nur die richtigen Stoffe, ein bisschen Volumenvlies und eine Idee für das Muster.

1. Zuerst schneidest du die Stoffe für die Vorder- und die Rückseite sowie eine Lage Volumenvlies, auch Watteline genannt, zu. Alle drei Teile sollten dieselbe Größe haben. Da sich die Stoffe etwas zusammenziehen, solltest du etwa 2 cm rundherum zugeben, damit die Schnittteile später auch bestimmt darauf passen.

2. Die drei Teile legst du nun passgenau aufeinander und fixierst sie an den Kanten und in der Mitte mit Stecknadeln. Wer unsicher ist, kann sich auch gerne die Mühe machen und die Teile mit einem Heftfaden grob verbinden.

3. Nun folgt das Design für die Steppung. Welche Abstände und welches Muster du dabei wählst, ist dir überlassen ... möglich ist alles: Streifen, Karos, Rauten oder wilde Muster. Zum Vorzeichnen eignen sich Trickmarker, die es in verschiedenen Ausfertigungen gibt. Ich benutze gerne selbstlöschende Trickmarker in extra fine, da dünne Linien einfach unter dem Nähgarn verschwinde. Falls ich mich doch mal verzeichnet habe, lösen sich die Linien nach ein paar Tagen wie von selbst auf. Manche kann man aber auch mit klarem Wasser „radieren“.

4. Sobald das Muster steht, nähst du die Lagen entlang der Linien zusammen. Am besten besorgst du dir dazu einen Obertransportfuß für deine Nähmaschine. Mit dem Spezialfüßchen wird dann nicht nur die untere, sondern auch die obere Lage der elastischen Stoffe problemlos transportiert. Schön ist es, wenn du einen etwas größeren Geradstich (ca. 3) wählst, damit man die Steppung gut sehen kann. Erst alle Linien in der einen Richtung ...

5. ... dann alle in der anderen. So muss man den Stoff nicht so oft drehen und es können sich weniger Falten bilden. Die Nähnadel im Stoff stecken lassen, falls man mal etwas unter dem Füßchen glatt streichen muss und die Stecknadeln können nach und nach herausgezogen werden.

6. Wer mit seinem Werk jetzt noch nicht glücklich ist, kann jederzeit nachzeichnen, hinzufügen, ausfüllen oder einfach nur kreuz und quer darübernähen. Vielleicht mit einer Kontrastfarbe, damit ein bisschen Spannung aufkommt. Zugegeben es erfordert ein bisschen Übung, aber wenn du erst deinen eigenen Steppstoff in einem Projekt verarbeitet hast, wirst du keine fertigen Steppjerseys mehr kaufen wollen.

Tipp

Wenn du mit freien Mustern arbeiten möchtest, solltest du mit einem Stopffuß und ausgeschaltetem Untertransport arbeiten. So kannst du die Stoffe in jede Richtung bewegen und die Motive auf den Stoff „zeichnen“. Benutze einen etwas kleineren Stich (ca. 2,5), damit die Spannfäden nicht zu lang werden und es statt Rundungen Ecken gibt.

1.

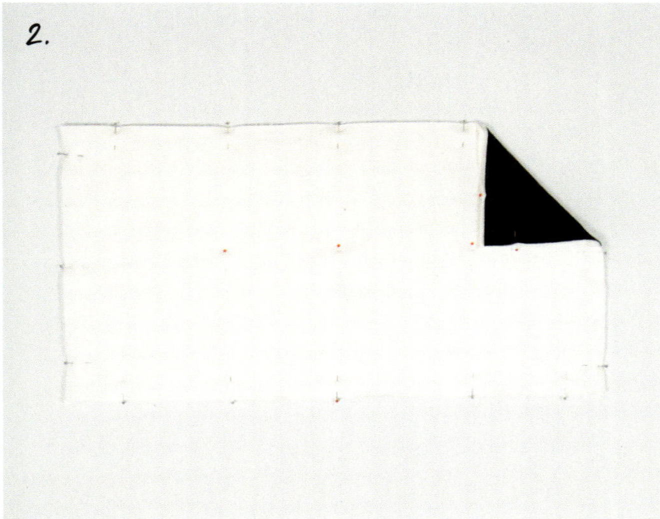
2.

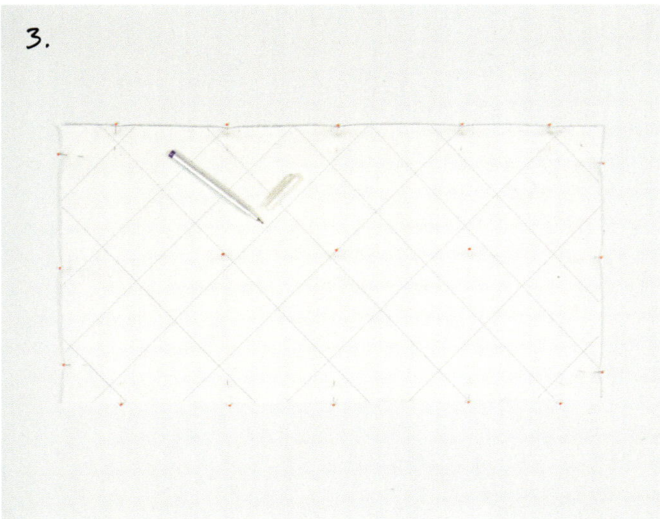
3.

4.

5.

6.

UTENSILO

Jersey und Volumenvlies quilten

Stoff:

- Jersey für Vorderseite: ca. 30 cm
- Jersey für Rückseite innen: ca. 30 cm
- Watteline: ca. 30 cm

Zubehör:

- Jerseynadel
- Obertransportfuß
- evtl. Stopffuß
- Trickmarker selbstlöschend und wasserlöslich
- evtl. nasses Tuch
- Geodreieck
- evtl. Heftgarn
- Bügeleisen und -unterlage

Maschine und Stichlänge:

- **Nähte:** Overlock und Nähmaschine (Geradstich, Stichlänge 2,5)
- **Steppung:** Nähmaschine (Geradstich, Stichlänge 2,8)

Zuschnitt:

Du findest die Schnittteile 1 und 2 auf Schnittbogen 4.

- 1x eckiges Seitenteil
- 1x runder Boden

Nahtzugaben:

- Beide Schnittteile benötigen rundherum (außer an der oberen Kante des Seitenteils) eine Nahtzugabe von 1 cm für die Haushaltsmaschine

Anforderungen:

- elastische Stoffe ohne Fältchen und Schrägzüge quilten

1.

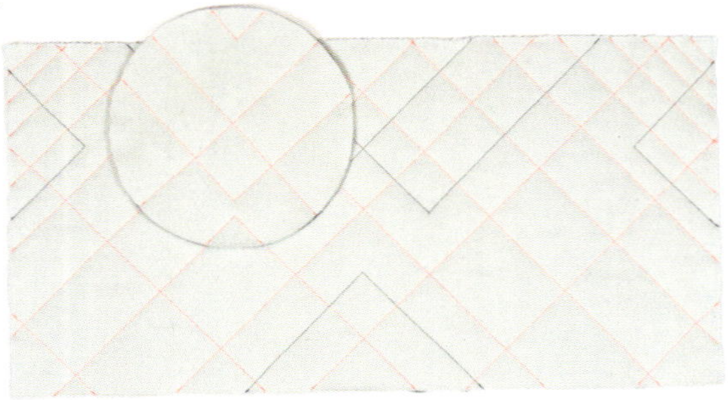

2.

3.

4.

1. Zuerst quiltest du dir entsprechend dem Tipp auf S. 74 deinen eigenen Steppstoff. In diesem Fall benötigst du ein rechteckiges Seitenteil und einen runden Boden für das Utensilo.

2. Die späteren Außenseiten legst du nun rechts auf rechts aufeinander und schließt die kürzere Seite mit 1 cm Nahtzugabe. Die Nahtzugabe bügelst du danach einfach auseinander. Wenn du keine offenen Kanten möchtest oder die Watte ausfranst, solltest du alle Teile vorher mit der Overlock oder mit dem Zickzackstich deiner Nähmaschine einmal rundherum versäubern.

3. Nun wird der Boden eingenäht. Wenn du eine Symmetrie in deinem Muster hast, dann markiere dir jeweils die Viertel a, Boden und an der unteren Seite mit Stecknadeln und bringe die Teile aufeinander. Die restliche Weite verteilst du dazwischen, bevor du alles zusammennähst. Damit du mehr Kontrolle beim Nähen hast, sollte der runde Boden als obere Lage unter dem Nähfüßchen liegen. Beim Nähen solltest du immer wieder anhalten, die Nadel im Stoff stecken lassen, das Füßchen heben und deine runde und gerade Kante passgenau übereinanderbringen.

4. Wenn das geschafft ist, wird die obere Kante erst um 1,5 cm und dann noch mal um 4 cm nach innen gebügelt. Mit Stecknadeln den Umschlag auf der Außenseite bei 3,5 cm Abstand zur oberen Kante fixieren und festnähen. Dabei solltest du das Utensilo auf links gedreht haben und „innen" nähen. Das klappt auf einem flachen Nähtisch besser. Falls du eine Freiarm-Maschine hast, kannst du das Utensilo natürlich komplett von rechts nähen. Einmal rundherum und fertig ist das gute Stück.

Pouf, S. 85

FLIEGE

einfaches Upcycling von Stoffresten

Stoff:

- 18 x 34 cm Single-Jersey
- 17 x 27 cm Einlage (z.B. Vlieseline H180)
- 45 cm Gummiband, 1 cm breit
- Hierfür eignen sich alle Stoffreste mit etwas Stand, bei dickeren Materialien wie Sweatshirtstoff oder Jacquardjersey die Einlage weglassen.

Zubehör:

- Jerseynadel
- Obertransportfuß

Maschine und Stichlänge:

- **Nähte:** Nähmaschine (Geradstich, Stichlänge 2,5)

Zuschnitt:

Für die Fliege gibt es kein Schnittmuster, die Teile in den angegebenen Maßen zuschneiden, Nahtzugabe (1 cm) ist bereits enthalten!

- 1x Hauptteil: 18 x 28 cm
- 1x Mittelsteg: 10 x 6 cm

Anforderungen:

- kleine Öffnungen nähen

Tipp für den Zuschnitt:

Wenn du auf die Innenseite eine dünne Einlage aufbügelst, hat die Fliege später einen besseren Stand und die Nahtzugaben drücken sich nicht durch. Die Einlage sollte ringsum 0,5 cm kleiner als der Außenstoff sein und genauso (mittig) aufgebügelt werden. Schöne Effekte ergeben sich, wenn du mit den Streifen spielst und die Teile in schrägem Fadenlauf zuschneidest (dafür brauchst du allerdings mehr Stoff als angegeben).

1.

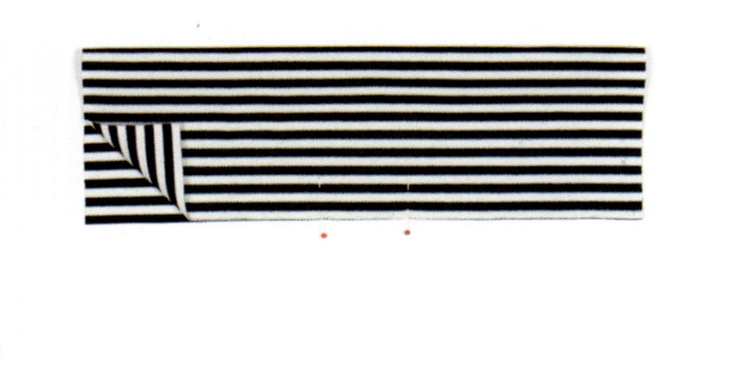

3.

2.

4.

1. Die Fliege kann mit Geradstich genäht werden, da die Nähte kaum beansprucht werden. Zuerst das Schnittteil der Länge nach zur Hälfte falten (rechte Seite ist innen) und zu einer schmalen Röhre zusammennähen, dabei in der Mitte der Naht unbedingt 2–3 cm zum Wenden offen lassen. Nahtanfang und -ende ordentlich vernähen.

2. Die Nahtzugaben auseinanderbügeln, darauf achten, keine Kniffe in den Stoff zu bügeln. Nun das eine offene Ende in die Röhre hineinschieben, bis die Schnittkanten an der anderen Seite rechts auf rechts aufeinanderliegen. Die Lagen dann im geschlossenen Ring zusammennähen. Das ist etwas knifflig bei dem kleinen Teil, aber es klappt gut, wenn du „innerhalb" der Röhre nähst.

3. Das Teilchen durch die Wendeöffnung auf rechts drehen und die Nähte jeweils mittig und auf der Innenseite platzieren. So sind sie unsichtbar und die kleine Öffnung verschwindet anschließend ebenfalls innerhalb der Fliege. Wer mag, kann die Öffnung von Hand zunähen.

4. Als Nächstes den kleinen Ring, der als Knoten dient, der Länge nach zur Hälfte falten (rechte Seite ist innen) und zu einer Mini-Röhre schließen.

Tipp

Diese Verarbeitungstechnik lässt sich auch auf einen Loop anwenden. Dafür den Stoff in Schalgröße zuschneiden (z. B. 50 x 150 cm) und wie die Fliege nähen, den Mittelsteg kann man dann natürlich weglassen.

5.

7.

6.

8.

5. Die Mini-Röhre auf rechts drehen und die Naht in der Mitte positionieren. Dann die Schmalseiten aufeinanderlegen und zusammennähen.

6. Anschließend den kleinen Ring wenden, damit die Nahtzugaben innen liegen.

Tipp

Die Fliegen schmücken im Miniformat auch die Ladys – einfach an die Frisur, an Taschen oder Kleidung stecken. Das Hauptteil mit 10 x 16 cm und den Mittelsteg mit 6 x 4 cm zuschneiden, die Fliege nur mit 0,5 cm Kantenabstand nähen und mit Haargummi, Broschennadel oder Haarspangen versehen. Letztere mit Handstichen befestigen, den Haargummi in den kleinen Ring einlegen, bevor er zusammengenäht wird (siehe Schritt 5).

7. Schließlich wird der kleine Ring über die Fliege gestülpt. Am einfachsten geht das, wenn du die Fliege erst mit einem „Öhrchen“ durchschiebst und den Rest dann einfach nachziehst und in Position zupfst.

8. Fehlt nur noch das Gummiband als Befestigung. Dafür nimmst du am besten am lebenden Modell Maß. Der nette Herr sollte dazu ein Hemd oder das passende Kleidungsstück tragen. Zur ermittelten Länge noch Nahtzugabe hinzurechnen, Gummiband unter dem Mittelsteg durchschieben und die Enden flach aufeinandernähen (darauf achten, dass sich der Gummi nicht verdreht). Voilà ... fertig ist der Gentleman.

POUF

Genähte Schläuche || Wattefüllung || Knotentechnik

Stoff:

- 1m Single-Jersey (gestreift oder uni), 150cm breit
- 3kg Füllwatte

Zubehör:

- Jerseynadel
- Schnur
- Obertransportfuß
- Papprohr (8,5cm Durchmesser), ca. 1m lang
- Papprohr (4,5cm Durchmesser), ca. 1,30m lang, oder Besenstil
- evtl. kleines Kissen (zum Ausstopfen des Poufs)

Maschine und Stichlänge:

- **Nähte:** Overlock (Stichbreite 8) oder Nähmaschine (Jerseystich, Stichlänge 2,5)

Zuschnitt:

Für den Pouf gibt es kein Schnittmuster, die Teile in den angegebenen Maßen zuschneiden, Nahtzugabe (ca. 1cm) ist bereits enthalten!

- 5x Schlauchteil mit je 20 x 150cm (längs gestreift)
- Alternativ kannst du dich nach dem Umfang der dickeren Pappröhre richten und die Streifenhöhe daran anpassen. Du kannst auch mehr Streifen zuschneiden – durch das Füllen dehnt sich der Schlauch (hier 7,50m lang) stark, sodass man zum Knoten das Mindestmaß von ca. 8m zur Verfügung hat.

Anforderungen:

- Streifen angleichen
- Schlauch füllen
- Knoten formen

Tipp für den Zuschnitt:

Du kannst natürlich mit den Streifen spielen und den Stoff längs oder quer zuschneiden. Je nach Richtung erhältst du dann Längs- oder Querstreifen – und der Pouf damit eine völlig andere Optik. Falls der Stoff breiter als 150cm ist, umso besser, so hast du später ein bisschen mehr Spielraum beim Knoten. Lediglich die Webkante sollte entfernt werden, weil sie oft unregelmäßig geformt ist.

1.

3.

2.

4.

1. Zwei Streifen an einer Schmalseite rechts auf rechts stecken und zusammennähen, dann den dritten Streifen ansetzen und so weiter ... bis alle Streifen zu einem langen Band zusammengenäht sind. Die Streifen jeweils passend aufeinanderstecken, damit sich ein fortlaufendes Muster ergibt. Nahtzugaben auseinander, (Nähmaschine) oder zu einer Seite (Overlock) bügeln.

2. Dann den langen Streifen der Länge nach zur Hälfte falten und Längskanten mit Quernadeln fixieren. Sich dabei am Musterverlauf oder den Teilungsnähten orientieren. Diese sollten immer genau aufeinandertreffen und die Nahtzugaben in die gleiche Richtung zeigen. Streifen zu einer langen Röhre zusammennähen.

3. Schiebe dann ein Ende des Stoffschlauchs in die große Pappröhre, bis es auf der anderen Seite wieder herauskommt und stülpe es dort über die Röhre. Nun schiebst du den gesamten Schlauch nach und nach in die Röhre und stülpst ihn nach und nach auf der anderen Seite darüber, bis der Schlauchanfang ebenfalls zum Vorschein kommt. So wird der Schlauch allmählich nach rechts gedreht, die Röhre eignet sich perfekt als Hilfsmittel zum Befüllen.

4. Das Ende des Schlauchs nun fest mit einem Stück Schnur umwickeln, diese gut verknoten. Im nächsten Schritt wird der Schlauch durch die Röhre nach und nach mit Watte gefüllt.

5. Dafür nimmst du jeweils eine größere Hand voll Watte, stopfst sie in das Rohr und schiebst sie mit der kleineren Röhre oder einem Besenstil in das Schlauchende. Achte darauf, nicht zu viel Watte auf einmal in das Rohr zu stopfen, sonst staut sich alles, und du musst von vorne anfangen. Die Watte immer ein wenig auseinanderzupfen, damit sie später gleichmäßig im Schlauch liegt und keine Dellen in den Stoff drückt. Das Papprohr wird beim Füllen nach und nach herausgeschoben.

6. Wenn der Schlauch komplett gefüllt ist, das Ende mit Schnur umwickeln und mit doppeltem Knoten sichern. Dann geht es endlich an die raffinierte Verknotung: Die Schlaufen wie in der Abbildung auf S. 88 am Anfang locker legen, damit genug Platz zum Durchziehen bleibt. Zum Ende hin müssen sie allerdings enger werden. Deshalb den Schlauch immer wieder nachziehen, jedoch auf keinen Fall ruckartig am Stoff ziehen, sonst könnte die Naht reißen. Die Längsnaht immer wieder nach innen drehen, sie sollte nicht sichtbar sein.

7. Sobald der Pouf die gewünschte Form hat, kannst du die beiden Schlauchenden miteinander verknoten. Dafür ziehst du sie etwas aus dem Pouf heraus, verknotest sie miteinander oder umwickelst sie mit einer festen Schnur, dann kannst du sie wieder in die Knotenmitte stopfen. Ziehe noch mal alles gleichmäßig zurecht – fertig ist das neue Prunkstück für die Wohnung.

Tipp

Wenn der Pouf als Sitzkissen dienen soll, und noch nicht rund genug ist, kannst du die Schläuche an einer Stelle auseinanderschieben und ein kleineres (normales) Kissen in die Mitte stopfen. Am besten in der Farbe des Poufs, dann ist es kaum sichtbar, wenn du die Schläuche wieder zusammenschiebst.

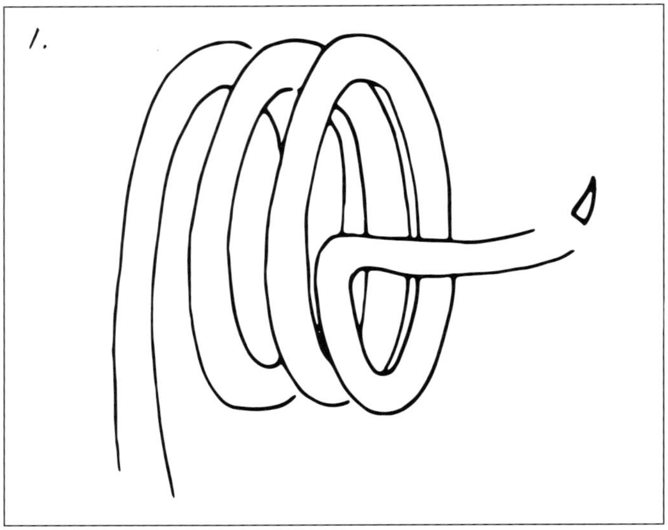
1.

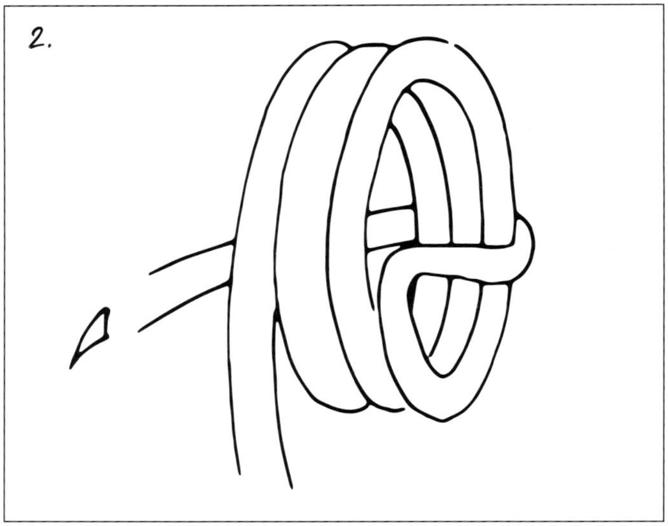
2.

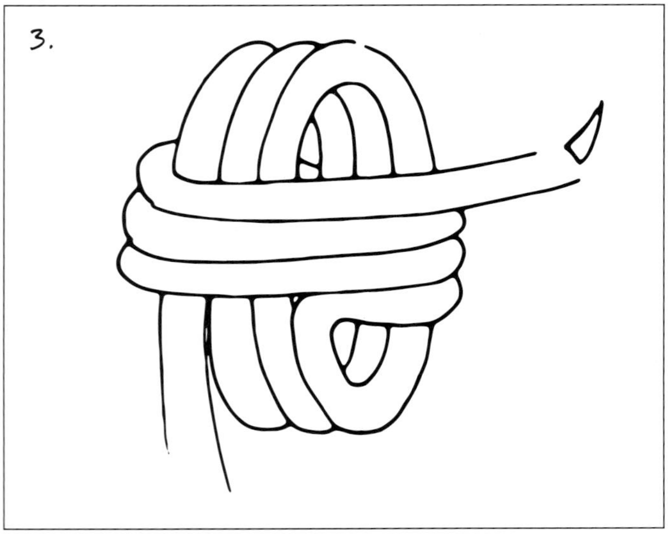
3.

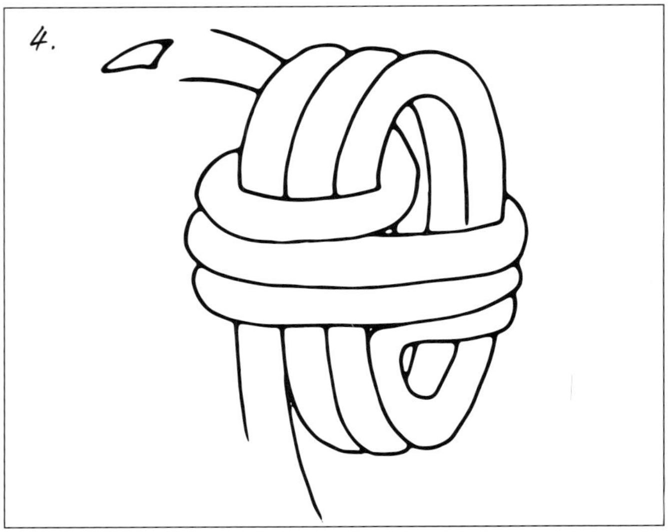
4.

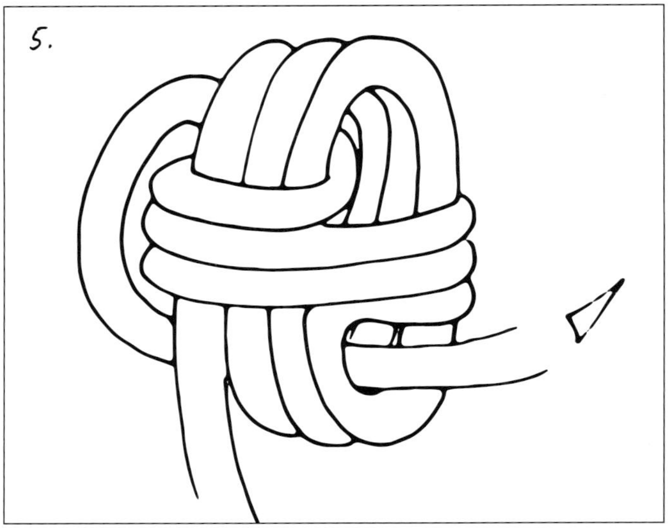
5.

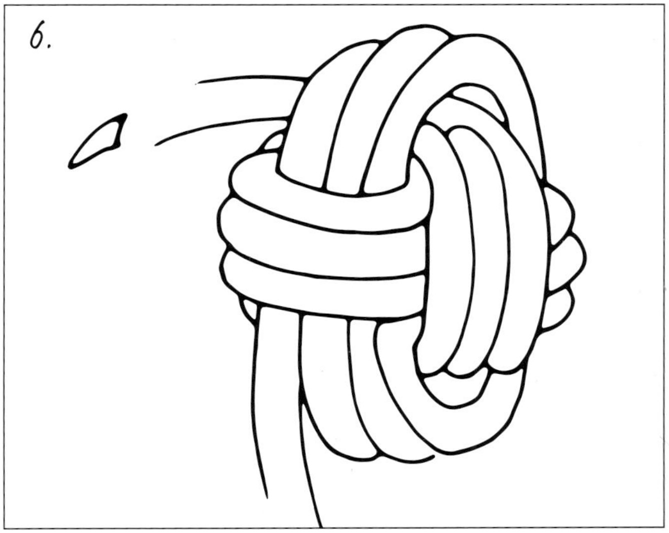
6.

Leggings, S. 41

Tipp für den Zuschnitt:

Wenn die Stoffreste nicht für die Schnittteile ausreichen, kannst du natürlich auch deine eigene Version entwerfen. Dafür kopierst du das Rechteck für die Rückseite einfach doppelt vom Schnittbogen und unterteilst eins davon passend zu den vorhandenen Resten. Damit du später weißt, wie die Schnittteile zusammengenäht werden, markierst du die Kanten entsprechend. Die Nahtzugabe nicht vergessen!

BADEMATTE

Patchwork-Optik || Upcycling

Stoff:

- 0,40 m Single-Jersey, 150 cm breit
- Stoffreste nach Belieben (Größe gemäß Schnittmuster)
- 0,40 m Watteline oder Volumenvlies
- Für eine unifarbene Matte reichen insgesamt 0,40 m

Zubehör:

- Jerseynadel
- Obertransportfuß
- evtl. Stopffuß
- evtl. Pinsel oder Ess-Stäbchen für die Ecken

Maschine und Stichlänge:

- **Nähte:** Nähmaschine (Geradstich, Stichlänge 2,5)

Zuschnitt:

Du findest die Schnittteile 1–5 auf Schnittbogen 1.

- 1x Rückteil (1), schwarz
- 1x Rückteil (1), Volumenvlies
- 1x Vorderteil (2), lachsfarben
- 1x Vorderteil (3), schwarz
- 1x Vorderteil (4), gestreift
- 1x Vorderteil (5), gemustert

Nahtzugaben:

- 1 cm

Markierungen in die Nahtzugaben übertragen

Anforderungen:

- Ziersteppen auf Volumenvlies
- Kanten im schrägen Fadenlauf verbinden

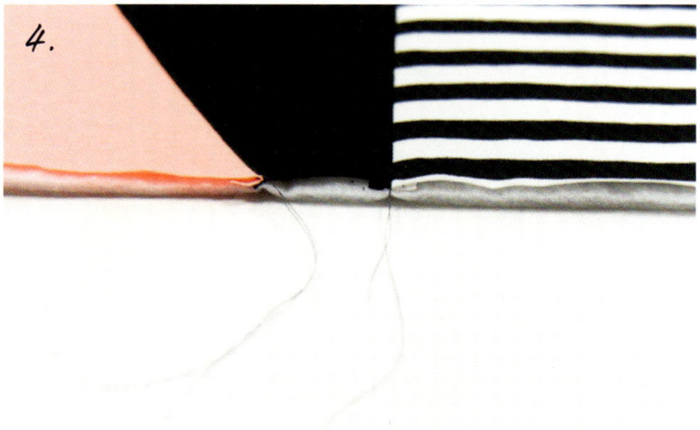

1. Am besten alle zusammengehörigen Teile in der richtigen Position auf die Arbeitsfläche legen. Dann mit der Vorderseite beginnen: Das lachsfarbene und das schwarze Teil an den schrägen Seiten rechts auf rechts legen und mit einem Kantenabstand von 1 cm zusammennähen. Die schräg geschnittenen Kanten dehnen sich bei Jersey besonders stark, achte darauf, dass sie sich beim Nähen nicht zu sehr wellen. Bügle die Nahtzugaben auseinander.

2. Dann auf die gleiche Weise das gestreifte an das schwarze Teil setzen. Bügle auch hier wieder die Nahtzugaben auseinander.

3. Anschließend das Teil mit dem Dreiecksmuster an das gestreifte setzen. Auch hier wieder das Bügeln nicht vergessen.

4. Nun kommt das Volumenvlies zum Einsatz: Achte bei diesem Schritt darauf, dass alle Nahtzugaben auseinandergelegt sind, sonst gibt es später Dellen. Das Volumenvlies passgenau unter das Vorderteil legen, mit Quernadeln feststecken und alle Teilungsnähte im Nahtschatten absteppen. Dafür am besten einen Obertransportfuß verwenden, damit sich die Stofflagen nicht gegeneinander verschieben.

5.

7.

6.

5. Ganz nach Belieben kannst du jetzt noch Akzente in Form von zusätzlichen Nähten oder nachgesteppten Mustern in kontrastfarbenem Garn setzen. Die Gestaltung der Vorderseite muss nicht unbedingt mit geraden Linien erfolgen. Wenn man mit einem Stopffuß und ausgeschaltetem Untertransport arbeitet, kann man Muster wunderbar freihand auf den Stoff „zeichnen“. Am besten spannt man den Stoff dazu in einen kleinen Stickrahmen, um das Material zu straffen und einfacher bewegen zu können.

6. Das Vorderteil wird nun mit dem Rückteil verbunden: Dafür legst du die Teile rechts auf rechts aufeinander, fixierst die Kanten ringsum mit Quernadeln und nähst ebenfalls alles ringsherum bis auf eine Öffnung zum Wenden zusammen. Diese Öffnung sollte immer an einer geraden Strecke liegen, darf also nicht über eine Ecke verlaufen.

7. Als Nächstes die Nahtzugaben an den Ecken im 45°-Winkel zurückschneiden, damit die Ecken nach dem Wenden leichter herausgeschoben werden können. Achte aber darauf, nicht versehentlich in die Naht zu schneiden. Dann kannst du die Matte durch die Öffnung nach rechts wenden.

8. Die Kanten und Ecken von innen mit einem Ess-Stäbchen oder einem Pinselende sauber herausarbeiten und bügeln, dabei auch die Nahtzugabe an der Wendeöffnung einschlagen. Die Kanten mit Quernadeln sichern und die Matte ringsum knappkantig absteppen. Das hält nicht nur das Rückteil in Position, sondern schließt gleichzeitig die Öffnung. Einem stilvollen Bad steht nun nichts mehr im Wege!

ÜBER DIE AUTORIN

Swantje näht, seit ihre Füße das Pedal erreichen. Die Freude am Handwerk und Selbermachen wurde ihr bereits in die Wiege gelegt. Nach Schneiderlehre, Studium und Tätigkeit als Designerin bei namhaften Modelabels gründete Swantje 2010 in Berlin den „Nadelwald Co-sewing Space". Als erster mit Nähmaschinen ausgestatteter Co-working-Space war ihr Laden für alle Nähbegeisterten und Profis vier Jahre lang eine einzigartige Anlaufstelle für eigene Projekte, Workshops, Kindergeburtstage und Junggesellinnenabschiede. Nebenbei illustriert Swantje leidenschaftlich gerne, erstellt Anleitungsdesigns und eBooks und steht für Video-Kurse als Trainerin bei „Makerist" vor der Kamera. Eineinhalb Jahre leitete sie dort auch die Video-Produktion und drehte eigene Tutorials. Und weil ein einziges Projekt allein zu langweilig ist, arbeitet sie neben diesem Buch, weiteren Videos und Anleitungen gerade an einer gemeinsamen Taschenkollektion mit Marisa von „Maschenfein" ... wir dürfen gespannt sein.

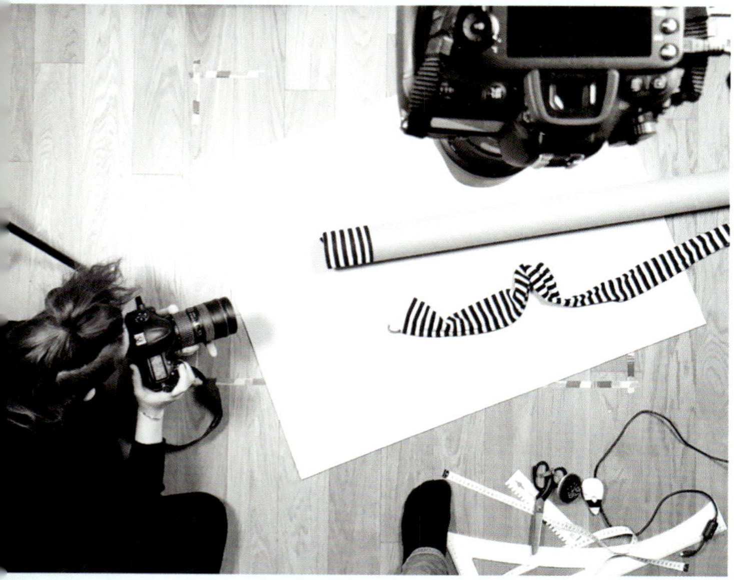

DANKSAGUNG

Kaum zu glauben, aber während ich diese Worte schreibe, nimmt auch das Chaos um mich herum ab und meine Wohnung sieht wieder nach bewohnbarem Lebensraum aus. Mein größter Dank geht daher an den verständnisvollsten Ehemann der Welt, der mir das Abendessen die letzten Wochen durch Stoffberge, Schnitte und Prototypen balanciert und mich immer wieder mit eigenwilligen Interpretationen zum Lachen gebracht hat.

Herzlichen Dank auch an meine beiden Freunde Judith und Oliver, die mir ganz klar und deutlich sagen, wenn ich mal wieder eine absolute Schnapsidee habe, und dann lieber mit mir Gin trinken gehen, um die Sache auszudiskutieren.

Die Schnitte in diesem Buch habe ich Judith vom schnittbuerofischer.de zu verdanken. Ohne dich wäre ich an den Gradierungen wohl irgendwann verzweifelt.

Zudem habe ich mich riesig gefreut, Saskia von der Edition Michael Fischer an meiner Seite zu wissen, die mich von Anfang an großartig unterstützt und viel mehr möglich gemacht hat, als ich erhofft habe.

Dazu gehört auch der Stoff-Support für den ich mich ganz besonders bei Claudia, Andrea und Franzi von stoffundstil.de bedanken möchte, die in allen Fragen immer meine erste Anlaufstelle im Stoffladen meines Vertrauens sind … und das liegt nicht nur daran, dass ich ein paar Häuser weiter wohne. Nadine, Larissa und Sarah von alles-fuer-selbermacher.de verdanke ich die schnellste Unterstützung überhaupt. Gefragt, geschickt – das war unglaublich nett von euch … vor allem im Vorweihnachtstrubel. Amber, Axel und Maren von Makerist.de sind mir ohnehin sehr verbunden und ich habe mich riesig gefreut, dass wir indirekt mal wieder ein Projekt gemeinsam gestemmt haben. Das Team von stoffe.de, Frau Hornung von Buttinette und PRYM haben ebenfalls einen riesigen Anteil an der Umsetzung meiner Projekte in diesem Buch.

Meinen herzlichsten Dank euch allen.

IMPRESSUM

Der Verlag bedankt sich bei Alles-für-Selbermacher.de, Stoff und Stil, Prym, Makerist, Buttinette sowie fabfab GmbH (stoffe.de) für das großzügige Materialsponsoring.

Bibliografische Information der Deutschen Bibliothek.

Die Deutsche Bibliothek verzeichnet diese Publikation in der deutschen Nationalbibliografie.

Detaillierte bibliografische Daten sind im Internet über http://www.d-nb.de/ abrufbar.

EIN BUCH DER EDITION MICHAEL FISCHER

1. Auflage 2017

Covergestaltung, Layout und Satz: Bernadett Linseisen
Produktmanagement: Saskia Wedhorn
Redaktion und Lektorat: Gabriele Witt, München
Fotos: Corinna Brix, München
Ideen, Design, Schnittentwicklung, Text Schrittbilder und Illustrationen: Swantje Wendt, Berlin

ISBN 978-3-86355-709-6

Printed in Slovakia

www.emf-verlag.de